理想的经济学

［美］ 迪尔德丽·N.麦克洛斯基

（Deirdre N.McCloskey）◎著

赵晓曦◎译

中国出版集团

中译出版社

图书在版编目（CIP）数据

理想的经济学 /（美）迪尔德丽·南森·麦克洛斯基著；赵晓曦译 . -- 北京：中译出版社，2023.4

书名原文：Beyond Positivism, Behaviorism, and Neoinstitutionalism in Economics

ISBN 978-7-5001-7351-9

Ⅰ . ①理… Ⅱ . ①迪… ②赵… Ⅲ . ①经济学 Ⅳ . ① F0

中国国家版本馆 CIP 数据核字（2023）第 059280 号

BEYOND POSITIVISM, BEHAVIORISM, AND NEOINSTITUTIONALISM IN ECONOMICS © 2022

by The University of Chicago.

Licensed by The University of Chicago Press, Chicago, Illinois, U.S.A.

Simplified Chinese translation copyright © 2023 by China Translation & Publishing House

ALL RIGHTS RESERVED

著作权合同登记号：图字 01–2023–0568

理想的经济学
LIXIANG DE JINGJIXUE

出版发行 / 中译出版社

地　　址 / 北京市西城区新街口外大街 28 号 102 号楼 4 层

电　　话 /（010）68005858，68358224（编辑部）

传　　真 /（010）68357870

邮　　编 / 100088

电子邮箱 / book @ ctph. com. cn

网　　址 / http : //www. ctph. com. cn

策划编辑 / 费可心　　　　　　　　责任编辑 / 张孟桥

营销编辑 / 白雪圆　喻林芳　　　　版权支持 / 马燕琦　王立萌

封面设计 / 仙境设计　　　　　　　排　　版 / 聚贤阁

印　　刷 / 北京中科印刷有限公司

经　　销 / 新华书店

规　　格 / 787 毫米 ×1092 毫米　1/16

印　　张 / 19.25

字　　数 / 207 千字

版　　次 / 2023 年 4 月第一版

印　　次 / 2023 年 4 月第一次

ISBN 978–7–5001–7351–9　　　　定价：78.00 元

论点简述

我钟爱经济科学，但在这里，我要对它提出批判，以便对其进行重塑。有时我不由得言辞激烈，因为眼见学科发展受到不当的引领而误入歧途，心中难免愤慨。亚当·斯密（Adam Smith）早在《道德情操论》（*The Theory of Moral Sentiments, 1.1.1.6*）中就曾警示众人：愤怒的情感会引发我们对愤恨对象产生矛盾的同情心。"正因我们全然不知对方受到了怎样的……挑衅……因此我们便无法……设身处地，感同身受。"我深恐自己的一腔热情，甚至是我在此书中所热衷的一系列探索，都会激起读者的反感之心。那么我想，至少我得先让大家知道，我到底受到了怎样的"挑衅"。

在深度批判过后，我们得出的结论是：要让"人文经济学"（Humanomics）来接管经济科学的发展。我在本书的第三部分简要地提及了这一点，在我的另一本书《糟糕的经济学》[1]（*Bettering Humanomics: A New, and Old, Approach to Economic Science*）中有对此点更为详细的注解。这两本书是配套的，读者可搭配阅读。本书旨在说明：要使经济科学得到充分的发展，我们的理论化程度需要比目前更为广博且严格，我们对经验主义的驾驭水平也要比现在更宽阔与严肃。

作为身兼道义的社会科学家，我们有责任审视自己是否常怀谦卑之心。自由主义伦理诞生于18世纪，一门好的经济科学若想在各个层面都够得上"好"的标准，它就必须以自由主义伦理作为根基。自由主义是有关社会大众挣脱等级束缚的理论，这一理论在自然科学、社会科学及人文科学中都颇为盛行。无论是科学、政治抑或经济，要获得发展，"可自由进出"都是最基本的原则。奴隶是无法自行决定要"进"或者要"出"的，所以奴隶也是无法引发创新的，这在艺术、科学及经济领域都是如此。越是在经济体制大致自由的社会，也就是卡尔·波普尔（Karl Popper）所说的"开放社会"下，其艺术与科学发展越呈现出欣欣向荣之态，这一点绝非偶然。一门好的科学，当然更准确的说法是，一门好的社会科学，必须经由优秀、开放、诚实、自主自愿、自由自在的人类灵魂来孕育，如若不然，就容易出问题（读者可以看到，我将在本书中通篇使用"自由"一词。这里所说的"自由"，并非指自1920年经济大萧条以来所成型的美国式"自由"，而是指自由的原始含义，是更广义的一种自由，即由非奴

---

1. 《糟糕的经济学》，2022年3月由中译出版社引进出版。——编者注

隶制下的自由人所构建的一个自由社会，一个不再以"妻为夫奴、仆为主奴、臣为君奴、官僚至上"为信条的自由社会）。

　　上述结论最早可追溯至我在 1994 年出版的《经济学中的知识与劝导》（*Knowledge and Persuasion in Economics, McCloskey, 1994*）一书。我算不上是才思敏捷的学者，所以在上本书出版整整 25 年后，我才又出版了《自由主义何以奏效：真实的自由主义价值观如何为大众构建更为自由、平等及繁荣的世界》（*Why Liberalism Works: How True Liberal Vales Produce a Freer, More Equal, Prosperous World for All*），直至此时，我才得以稍稍将这一观点的影响渗透到政治学领域。我在本书中特别提出：符合"自由人"发展需求的经济学应是顺应伦理、尊重科学的，而"新制度主义（Neo-Instituionalism）"，同过去几十年来存在于经济学领域的各种实证主义、反伦理、新行为主义、操作取向及非自由运动如出一辙，它们都无法为这样一门科学的发展提供适切的条件。

　　学界对当代经济学的研究方法及学科本质存在诸多隐性反诉，在此，我认为有必要对这些声音做出回应。要知道，"回应"，并不仅仅是被激怒后所发出的辩驳，也不完全是某种程度上的无礼。要对抗科学领域的专制等级制度，"回应"是我们唯一的出路。这种等级制度，曾使美国地质学界在长达 50 年的时间里拒绝承认板块地质学说，使玛雅人历经 30 年之久才得以破解象形文字，也使经济学者在 20 年内都惧怕挑战凯恩斯主义的权威地位。"回应"，是所有科学家、公民、律师或婚姻伴侣都应该修炼的功课，在每一次与人的沟通中，我们都应该尽量友好地给予对方回应。"你的立场是什么？哦，我明白了。嗯，那么，亲爱的，考虑一下我对你方逻辑及证据观点的善意回应吧，也许咱们能达成共识。我们来讨论一下，你也一起来好吗？"无论是在实验室还是会议室里，要促进科学朝好的方向发展，我们就需要开展这样的人际间的对话。怀着这样的想法，我们回应了对方的观点（不用客气）。

哲学家艾米莉·奥克森伯格·罗蒂（Amélie Oksenberg Rorty）曾于 1983 年写下自己的座右铭：关键的是"我们有能力开展持续的对话，相互检验，在倾听彼此的声音之后，发觉各自隐含的预设，进而改变我们的想法"。这种精神值得我们所有人努力效仿。精神病人也会改变他们的想法，但他们的想法是随月球潮汐作用而产生的一种自然反应，并非倾听所致，不是用心听取友人的质疑及反对意见后的产物。我们所说的真正意义上的倾听，指的是三位一体的诠释学（听）、修辞学（说）以及实质性（哲学）批判当中的"诠释学"部分。科学就是这样不断进步的，无论是在计量经济学中的 β 系数这样的小问题上，还是在牛顿（Newton）、达尔文（Darwin）、马克思（Marx）或者凯恩斯（Keynes）这样的伟人所提出的创世论点上，都是如此。其程序如下：仔细聆听那些华丽辞藻，择出其中的核心内容，厘清它们是如何被论证的，进而判断早期科学作品中是否存在谬误。如果存在，就去修正它。这种方法，一言以蔽之，即为"批判"。1867 年，马克思出版了《资本论》，其副标题为：政治经济学批判（*Kritik der politischen Ökonomie*）。这便是早期科学精神的典范。

通过对我所热爱的经济学及经济史所进行的批判，我有两大发现：

1. 在这本书和我的另一本书中，我都提到：一种更为严肃、更加合理的新型经济科学研究方法正在悄然崭露头角，这种方法在统计、哲学、历史及伦理意义上都更具严肃色彩。巴特·威尔逊（Bart Wilson）及其他一些当代经济学家将这种方法称为人文经济学。

2. 在本书中，我详尽论述了一个例子，来说明非人文经济学的弊端何在。这个例子就是"新制度主义"。"新制度主义"曾在过去几十年间受到道格拉斯·诺斯（Douglass North）、达伦·阿西莫格鲁（Daron Acemoglu）及一众经济学及政治学领域翘楚的推崇，但我认为，无论是在科学发展还是政策建议上，它都算不上是前进的方向。如果像诺斯和阿西莫格鲁这样聪明的大脑都能在科学上错得如此厉害，那么我们真的有必要停下脚步，想想问题到底出在哪儿了。

从科学的角度讲，新制度主义的事实主张，与近年来流行的神经经济学、行为金融学和幸福感研究一样充满疑点。因为这些学派的支持者也跳过了倾听的步骤，他们既不愿倾听源于人类世界的真实证据，也不愿倾听来自友人的科学质疑及反对意见。毫不夸张地说，他们总是把富有创造性的成年人当作一群三岁小孩，既然是三岁孩子的想法，科学家自然无须理会。他们说："我们只是'观察'他们的行为（出于某些原因，这种'观察'不包括言语行为部分），然后记录下行为中指标异常的部分。"接下来，他们会用所谓的"激励因素"任意摆布那些"长不大的大人们"，这是萨缪尔森式经济学家及其拥趸的惯用伎俩。行为主义者像父亲俯瞰孩童一般地高傲，他们设计出一个马克斯·乌（Max-U）式的制度，带着近乎蔑视的眼光睥睨自由人类身处其中的种种行为。这一场景想来令我毛骨悚然，它也应当引起我们所有人的警醒。

声明一下：我在书中反复提到的新制度主义，只是诸多新行为主义经济学思潮当中的一种，除此之外还有许多其他分支：比如行为主义经济学声称，在认知层面上，人人皆为孩童；行为主义经济学家会以（字面意义上的）孩童为对象设计一系列不人道的现场实验；神经经济学者给孩子们的头部连上电极来监测他们的脑电活动而非思维想法；幸福主义则热衷于为无辜孩童记录下诸多虚无的数据与指标；此外，还有经济工程学，它风靡百年，在当今达到鼎盛，关于这一流派发源地的说法众说纷纭，有人认为它起源于华盛顿，也有人认为它发祥于伦敦或是布鲁塞尔。经济工程学主张扩张政策以强化对可怜孩童的控制，可想而知，这么做完全是为了满足统治阶层令人发指的私心。美国联邦政府已经出台了一百万条法规了。一百万，这是一个让人震惊的数字。民主党人主张："处方药的调配权必须收归国有，要杜绝个人海外自购行为。"共和党人则声称："要增加巴尔的摩[1]东北部的警力，以强化对当地的官方统治，不能让劳资双方通过自主洽谈结成雇佣关系。"

新行为主义思潮信奉了一条既不靠谱也不自由的假设，因而走错了方向。它迷信"经济学老爹"的全能，也罔顾成年人的尊

---

1. 巴尔的摩：位于美国马里兰州，是重要的消费城市。——编者注

严。我在这里说的是"大部分"经济学家而不是"全部",因为还是有一些经济学家勇于尝试,并且确实在某种程度上为经济学注入了"人性"的活力:莫里斯·阿尔特曼(Morris Altman)于近期出版的《道德行为何以有助于经济发展》(*Why Ethical Behavior Is Good for the Economy, 2020*)一书就是一个很好的例子,理查德·兰洛伊斯(Richard Langlois)也是如此,他与一众同僚优先认识到生而为人,本质是"人",他们对于行为主义的执着,远甚于我、阿尔乔·克拉默(Arjo Klamer)、巴特·威尔逊、乔治·迪马蒂诺(George DeMartino)及其他经济学者。然而,行为主义对经验主义的无限吹嘘最终被证实只是一种夸夸其谈。这就好像政治学家乔治·凯林(George L. Kelling)和詹姆斯·威尔逊(James Q. Wilson)在 1982 年所提出的"破窗政策"(Broken-Windows Policy)一般,这一政策不仅没能在当时起到预期的作用,反而造成了难以收拾的严重后果。为了克服非自由主义的弊端,填补经验主义的缺漏,我们亟须一门更好的经济学,也就是改良后的人文经济学——一种真正将"人"纳入其中思考的经济科学。

　　无论你是否从事经济学学术研究,你都应该关心这个学科的未来。有人说,执政狂人凭空掌权,他们因三流学者的过时之作而雷霆震怒,暴怒之后所"提炼"出的,无非也只是一些片面之词,它可能出自政治局、欧盟理事会、联邦储备银行、美国财政部、国际货币基金组织、世界银行、联邦、州立或地方政府,也可能出自约瑟夫·斯蒂格利茨(Joseph Stiglitz)、保罗·克鲁格曼(Paul Krugman)、伊丽莎白·沃伦(Elizabeth Warren)或玛丽安娜·马祖卡托(Marianna Mazzucato)。汇成这份"片面之词"的

"配方"，是像圣人一般全知全能的掌权者，伙同他们所推行的越来越多的政策法规，一同操控着那些误入歧途、愚蠢至极、无能暴躁的小人物们可悲的小日子。我说的"小人物"，就是我们每一个人。我们都有必要想一想，这种"片面之词"是否会贬损我们的价值，进而带领我们走向灭亡。

不过，这本书的主要读者群体还是专业经济学家，以及社会学家、哲学家、法学教授及政治学家等相关领域的同行。我人生中的大多数时间都在从事经济学与经济史学的研究工作，大部分时候，我都对这门学科及该领域的学者充满崇敬之情。我为学界拥有保罗·萨缪尔森（Paul Samuelson）、米尔顿·弗里德曼（Milton Friedman）、杰夫·哈考特（Geoff Harcourt）、哈里·约翰逊（Harry Johnson）、鲍勃·福格尔（Bob Fogel）、阿尔伯特·赫斯曼（Albert Hirschman）、哈罗德·德姆塞茨（Harold Demsetz）、琼·罗宾逊（Joan Robinson）、弗里德里希·哈耶克（Friedrich Hayek）和鲍勃·海尔布隆纳（Bob Heilbroner）这些璀璨的学术明星而感到骄傲，我惊叹于机会成本、供需理论、一般均衡理论、进出理论等一系列精彩概念及其数学与统计表达式的出现，我为国民收入核算及财富之轮的设想，尤其是它们在历史上的实施过程而再三欢呼。我愿上帝保佑一切合作与竞争关系和平展开，保佑所有分析成果及分析人员顺顺利利。是的，我说，我是这么想的。

但是，倘若"提炼"出的那些片面之词并不是为了贬损你我，并不是为了毁掉任何一个人，经济学家就必须重新思考这份"配方"，我们要在设计出一个新配方的同时，又不丢弃已有经济科学当中的优秀成果（这种大而化之的丢弃是诸多"新型"经济学科长久以来的典型弊病，这一点在少数专家学者和所有的现代货币理论家身上都有体现）。总而言之，经济学者如若要配得上"认真"二字，就必须重新审视自己的科学态度。他们必须反思自己对于想象中物理学工作方式的粗糙模仿是否合宜，反思自库恩（Kuhn）以来的科学研究中所显露出的傲慢的无知，反思对"货物崇拜"（cargo-cult）理论中虚假量化水平的过度吹嘘，反思自己对人文学科的居高临下，对伦理与道德的嗤之以鼻，对大部分人类知识及行为的不屑一顾，以及种种打着自由旗号的非自由举动。

我需要解释一下什么叫"货物崇拜"。这是物理学家理查德·费曼（Richard Feynman）给那些披着科学外衣但无科学之实的项目所贴的标签。他用这个词语来象征一种虚妄的期盼："二战"结束后，新几内亚地区的高地居民开拓出一片类似飞机跑道的空地，并且在空地上点亮椰壳灯，以此期望战时的大型飞机还能带着丰富的货物回到这片土地上（在战时确实是这样的）。当然，这些飞机在战后是不可能回来的。与此类似，经济学里的很多高质量证据看起来像是量化，或者至少也带着某种数学的意义，但实际上它们根本与量化无关，或者根本无法通过实际数据来说明经济运行的规律。同样地，经济学里也有许多高阶理论看似产出了对世界的深刻洞察，但实际并没有。

至于何谓"对伦理与道德的嗤之以鼻和对大部分人类知识的不屑一顾"，这点无须我做过多解释，因为这一幕幕每天都在真实的人类社会中上演。当"科学"一词，实际被用于无视科学的历史、哲学和社会环境中，当它被傲慢、无知之辈（可悲的是，当中也不乏经济学者）用来罔顾伦理和排除异己的时候，就是对这一描述最恰当的注解。"别用伦理学的那一套来跟我对话，也别觉得有什么证据能高过基于货物崇拜理论的计量经济学：我们可是科学家。"

什么叫"科学态度"？这么说吧，除非你所采用的科学研究方法已经经过了一名业余哲学家长达 50 年、100 年或 400 年的心血锤炼，否则你都不能说自己的方法是"科学的"。萨缪尔森经济学认为万物都可量化，或者都可部分地用数学加以解释，因为无量化，不科学（曾经我也是这一观点的信徒，所以我知道）。自 19 世纪中期以来，"科学"一词在英语中的含义，指的都是"培根"式的研究方法。培根（Francis Bacon）生于 1551 年，于 1626 年去世，他是英国历史上最后一个以官方名义使用酷刑的人。1886 年，夏洛克·福尔摩斯在其《福尔摩斯探案集——血字的研究》（A Study in Scarlet）一书中表达过如下观点，"在证据不足的时候就下结论是大错特错。它会令我们的判断出现偏差"。别忘了，所谓"证据"，是基于我们对某个问题所提出的假说。这个假说关系到谁是凶手，相关的问题可能是"让死者命丧黄泉的那把枪是从多高的地方射出的"，而要回答这个问题，只需要测量血液飞溅的痕迹或者弹头嵌入的深度就能做到。在史学领域，利奥波德·冯兰克（Leopold von Ranke）曾在其 1824 年出版的科学史处女作《如实直书》（Wie es Eigentlich Gewesen，1824）中对培根式的科学方法大加颂扬（在当时，它确实可担此美名）。而在 19 世纪 80 年代到 20 世纪 60 年代之间，美国客观史学界更是将其誉为科学研究的"高贵梦想"。

到了 20 世纪 30 年代，经济学界出现了一种稍微复杂一些的方法——可观察寓意法（observable implications），这一方法来源于莱昂内尔·罗宾斯（Lionel Robbins）的"枪声理论"，它也受到了维也纳逻辑实证主义的影响。逻辑实证主义学派在探索"科学研究是如何进行的"这一问题屡遭毁灭性攻击：起初，它被包括路德维希·维特根斯坦（Ludwig Wittgenstein）和卡尔·波普尔在内的英国及奥地利学者驳斥；接着，它又在美国相继受到威拉德·范·奥曼·奎因（Willard Van Orman Quine）和希拉里·普特南（Hilary Putnam）两位哲学家的攻击；之后，一众历史学家、社会学家和雄辩家也站出来旗帜鲜明地反对它。逻辑实证主义在许多问题上都不合逻辑——比如，某种形而上学的教条实际却是拒斥形而上学的。它的许多观点也存在事实性的谬误——例如，它用必然简单性的假设去对抗科学历程的必然复杂性。逻辑实证主义自始至终都没能说明科学是如何说服人的。然而，它却分别在 20 世纪 40 年代和 50 年代受到了保罗·萨缪尔森及米尔顿·弗里德曼的狂热追捧。在大部分经济学家看来，正因有了这两位经济学家的"背书"，这种方法才得以延续下来。

这一方法于 1957 年由特林·库普曼斯（Tjalling Koopmans）草拟进《经济科学三论》（*Three Essays on the State of Economic Science*），并最终在萨缪尔森经济学大纲中成型。库普曼斯（顺便提一下，他的名字在其母语荷兰语中是"推销员"的意思）提出了一种从理论到实证的专业化研究方法，他认为这一方法正是他所钻研的物理学学科的显著特点。他建议顶层的理论研究者专注于收集定性定论的相关"卡牌"，要把一连串的公理 A′，A″，A‴……与一连串的结论 C′，C″，C‴……迭加起来，将之与实证工作加以区分，"以此保护（自由贸易专业的学生请特别注意这个用法）两方面的工作都能顺利开展"。接着，就轮到底层实证计量经济学研究者了，你们要通过研究去论证在现实世界中 A′ 是否会导致 C′ 或 C″。

　　这一法定经济学研究方法仅作为科学性说服的一个有用组成部分来讲是无可厚非的（尽管它遗漏了科学说服术中的大部分实质性内容），但只有当经济学定理不全是定性定理的时候它才成立。1941 年，26 岁的哈佛大学学生保罗·萨缪尔森在其博士论文《经济学分析基础》（*The Foundations of Economic Analysis*，1947 年一经出版便广受赞誉）中提出：定理，大多是从性而非从量的。如果学者们采取的是物理学家或地质学家所惯用的那种数学的、定量的研究方法，他便不会遭到非议。接着，像我这样愚笨的经济史学家就会被派去做些无聊的观察，以此填补理论中的量化空白点。但问题是，在库普曼斯之后的经济学中，长期以来并无空白可填，也没多少问题可问，尤其是对那些顶级科学家已然苦心孤诣多年的理论问题，更是如此。

　　当提到比如阿罗（Arrow）、德布鲁（Debreu）和哈恩（Hahn，1925—2013）的抽象一般均衡理论，卢卡斯（Lucas）和萨金特（Sargent）的理性预期理论，抑或是阿克尔洛夫（Akerlof）和斯蒂格利茨的信息不对称理论时，我们会欣慰地发现：近年来，经济学确实在一定程度上转向了其他定量科学所使用的定量模拟方法，事实上，早在库普曼斯时代，芭芭拉·伯格曼（Barbara

Bergman）和我的恩师盖·奥克特（Guy Orcutt）就曾提出过应该
采用这种方法。真是谢天谢地（但我不能高兴得太早，因为在近
期，学界还是出现了一些危险的转变，即转向一种并不以经济理
论为依托，拒绝参与严肃的社会学或历史学研究，不考虑实质性
损失函数，仅凭显著性检验所得出的回归分析结果来做判断的、
虚假的社会学研究）。

　　在经济学的理论分支中，非合作博弈论，可以用来很好地解
释库普曼斯方法中所提到的负债超出资产的现象。一方面，正如
弗农·史密斯（Vernon Smith）长久以来所强调的那样：实验经
济学一再证明，"非合作"的假设在人类社会是说不通的。除非退
回到大猩猩，甚至黑猩猩时期，否则人类绝不可能各自为营。亚
当·斯密指出：事实上，商业和劳动力分工中的隐性合作"显
然并未产生如此广泛的效用"。他认为，公平的合作来源于人类
特有的"以货易货、物物交换的倾向"。这一倾向是"理性思维
（亚当·斯密并未将之解释为马克斯·乌先生的行为）与语言能
力（被行为主义所忽视的言语行为）发展的必然结果"。倘若一
个经济学家在使用非合作博弈论的过程中忽视了"合作"，无论
他忽视的是在家庭生活或"好的撒玛利亚人"中的那种显性合
作，还是在社会生活或是言语行为中的隐性合作，都如同一个物
理学家非要提出万有引力的"立方"反比定律一般荒谬。尽管数
以千计的实验及观察结果都指明了正确的指数应该是"平方"反
比，但他依然选择固执己见。

　　另一方面，从技术上讲，如果有限非合作博弈有解的话，那
无限非合作博弈就有无穷解了。意第绪语（Yiddish）中所言甚

是：有些理论啊！在经验上一无是处，在理论上也站不住脚！

　　未来的经济学者应该反其道而行之，抓住一切可用的科学逻辑及科学证据，无论它们出自何种来源（实验、模拟或内省），以任意形式表达出来（问卷、图形、分类或统计数字），又或者取自哪一门学科（文学、历史、美学、心理学、社会学、政治学、伦理学）。在此借用一个古老的笑话来声明我的立场：醉心于新行为主义"炼金术"的经济学家们啊，在黑暗中丢失的房子钥匙，是不会莫名其妙地出现在路灯灯柱下的，你之所以会在那儿找，只是因为那里更亮，比较好找而已。真正的经济学家，应该兼具定量与定性的双重研究能力，并以此为武器去全面探索人类科学的奥义。回归到数字和分类上吧。亲爱的，别再搞什么货物崇拜了。重视科研伦理。去黑暗中探寻那些与科学有关的知识，真正的知识并不会自动出现在灯柱之下，你只有用心挖掘才能找到。

目 录

第三部分　人文经济学可以拯救科学

第一部分
经济学正深陷科学困境

第一章

因循守旧、不合伦理、测量不当的行为主义无法孕育出优质的经济科学或政治学

新制度主义是当代经济学中首屈一指的"货物崇拜"范例，它也是近代经济学里有关行为主义项目的主要历史分支。新制度主义的提倡者，诸如诺贝尔经济学奖得主、理论家奥利弗·威廉姆森（Oliver Williamson），以及同获诺贝尔奖的经济史学家道格拉斯·诺斯宣称，"制度在经济中至关重要"。说"至关重要"有点夸张，因为并无相关测量、比对或因果分析可阐明其重要性。

历史上影响最大的新制度主义观点，是由我们熟悉的诺斯（1920—2015）所提出的"黑体字法"（black-letter law），它引出了"游戏规则"的概念。当规则改变，通常游戏结果也会随之改变。正如当投球手降低投球高度的时候，击球手也能打中更多的球。历史上的新制度主义经济学者因此反复强调：正是由于产权法与合同法的问世，现代经济才得以增长。换言之，新制度主义学者认为，近代（1689年的英国）法治的发展于所有人都有益。诚然，法治或许是经济发展的一个必要条件，但在当时，它被看作一个充分条件。世界银行表示：今日我们追随诺斯的理论，强化法治，扩大其影响力，穷人乍富，一夕便可。仰仗黑体字法，一些国家的政治理想也得以实现，比如苏联的宪法大计（1924，1936，1977）。

人们将之冠名为"新制度主义"，以此区别于以凡伯仑（Veblen）、康芒斯（Commons）、艾尔（Ayer）以及加尔布雷思（Galbraith）为代表的美国旧制度主义流派。它本身也是施莫勒（Schmoller）、韦伯（Weber）、桑巴特（Sombart）、洛尔（Lowe）和波兰尼（Polanyi）等老牌德国历史学派的一个缩影。但不同于那些"老家伙"的是：新制度主义学派热衷于使用"新古典主义"经济学工具（有时他们会出奇偏执地否认此点），尤其是我所说的"萨缪尔森"经济学派（该学派的经济学家通常都受到了过度的训练）中的一些子工具，比如非合作博弈论，以及对诸如马克斯·乌先生这类人的解释。马克斯·乌是一个自恋的反社会分子，他之所以遵守游戏规则，只是因为这能帮助他实现效用最大化。倘若规则不能庇护他，他就不会遵守规则。

我注意到：在历史上，相较传统说法"新古典主义"，"萨缪尔森主义"是一个更准确的表述。保罗·安东尼·萨缪尔森（1915—2009）是个绝顶聪明的人才，他主张的萨缪尔森经济学（Samuelsonian Economics）方法论认为：经济学研究的是个体如何在有限条件下达到效用最大化的科学，即如何解释马克斯·乌的行为——我在下文中将其表述为"P 逻辑"（P-logic）或"唯谨慎论"（Prudence Only）。相比之下，新古典主义则是指在 19 世纪 70 年代对政治经济学展开激进批判的那一批经济学流派，包括奥地利学派、马歇尔学派、凯恩斯学派，甚至是后凯恩斯学派

（虽然最终大家认为称其为"古典主义"要比"新古典主义"更为贴切）。非萨缪尔森主义者不赞同萨缪尔森的经济方法论。比如，他们认为经济的演变过程及其总量才是最重要的，相关分析应从这个层面开始启动。非萨缪尔森主义者的主张并无明显谬误，而萨缪尔森主义者也没有十足的理由去反驳对方的观点【然而，我还是想说：在 20 世纪末期，经济学发展得比语言学要好，二者也具备相当的共性。比如，这两门学科的领军人物都来自麻省理工学院，前者的带头人是保罗·萨缪尔森，他包容、温和、亲切，聪明绝顶；而后者的领路人则是诺姆·乔姆斯基（Noam Chomsky），他也同样极具智慧，但同时也很教条、极端、令人生厌】。

为什么我们要批判新制度主义及其所用的萨缪尔森式研究方法，并用人文经济学来取而代之呢？要回答这一点，我会在本书的第一部分中，先详细讲述我所捕捉到的一些更具普遍性的经济科学问题，在之后的第二和第三部分里，我会再用一个完整的案例来加以说明。现在我们来看看下面的内容。

一方面，新制度主义和其他的经济思想一样，既混淆了必要条件与充分条件，也没有分清什么是有用的附带条件，什么又是具有启发意义的因果条件。比如说，萨缪尔森经济学派过度使用了"生产函数"的概念（我从研究生院毕业以后的几十年也是这样），它们甚至认为有必要写本手册来记录下各种不同的产品生产配方。不管用不用文字写下来，这种记录确实是有必要的。比如按照"配方手册"第 106 页的指示：把某种一个吨位的焦炭（来源于煤）、铁矿石和石灰石放进鼓风炉，让若干具备某某技能的劳工依照某某说明来依次操作，你就能得到一吨生铁。但是按照手册第 26 页的"配方"，我们就得增加更多人工，原先使用的焦炭也要替换成木炭（来源于木材，而不是煤），虽然最后你也能产出一吨生铁，但两种方法的机会成本不同。知道这点当然很好。但是，认为手册本身才是生铁产出的"原因"，这其实是忽略了汇集这本手册所需动用到的一系列丰沛饱满又启发人心的人类行为，比如工程教育、传统工艺，以及一个鼓励实践这些人类瑰宝的自由社会。最根本的是，它忽略了人类的创造力，而在社会允许的范围内，这种创造力足以推动教育、工艺及生产的改进。

的确，法餐在某种程度上仍旧依赖于奥古斯特·埃科菲（Auguste Escoffier）的《烹饪指南》（Le Guide Cuisinaire），1903 年，又名《烹饪艺术》（L'art culinaire），比如书中所提到的 5 种"基本母酱"：白酱、褐酱、丝绒酱、荷兰酱和红酱。要看懂《掌握法式烹饪的艺术》（Mastering the Art of French Cooking），或者是"朱莉的 365 天晚餐"，的确可以先看看埃科菲的《烹饪指南》作为入门，或者至少可以说，看看也没坏处。但是，法餐之所以吸引人，可并不只是因为有这几本书在。成就法餐的，首先是人们对法式厨房、餐厅中的饮食文化以及烹饪知识的总结汇编；其次是这些心血结晶自 14 世纪的纪尧姆·蒂雷尔（Guillaume Tirel）流传至 16 世纪的凯瑟琳·德·美第奇（Catherine de Medici），再逐渐散播到无数寻常饮食男女之中；最后是那些发明了焦糖布丁和马赛鱼汤的法餐天才，是数以百万计的法国食客们谨守"吃顿好饭"的执着发起了"慢食运动"，是他们愿意不厌其烦地谈论本国饮食文化的那份热诚，是这一切，使得法餐成其为法餐。在某种程度上，如果要用严肃的科学表述来说明法餐为何会崛起，以及人们为什么会倡议政府制定政策鼓励高端餐饮行业发展，其"原因"并不在于那些已有的食谱，而在于食谱中所蕴含的人类创造力、配套的诸如"自由"之类的社会条件，以及之后不断的实践、再实践。这个原因不是"生产函数"能解释的——它不是那种例行公事的、能事先想好的食谱，它不只是用来教人怎么配菜、怎么切土豆的。如同劳动、阳光和巴黎这些广泛存在、容易获得又必不可少的条件一样，使法餐成为法餐的最充分的原因，是人类的创造力。

这种把必要条件与充分条件混为一谈，或者更具体地说是把适度有益的教学方法与强势有力的创造力激发条件混为一谈的情况——比如经济学家所提出的"增长理论"——相较经济学中的次要问题而言，它扭曲了人们对于经济增长的理解。我们来举个新制度主义者最喜闻乐见的例子：在法治环境下建立起产权制度当然是必要而且有益的，否则人的生命就会像托马斯·霍布斯（Thomas Hobbes）所说的那样，孤独、贫穷、肮脏、野蛮并且短暂。你会看到：正是因为那些恼人的激励因素，才使得大部分国家在长达千年的时间里都没有建立起法治社会和产权转移制度，经济自然也发展不起来。你可以用这些证据来解释为什么这些国家会失败，又是什么造成了它们的贫穷。你也可以看到，1921 年的塔尔萨种族骚乱之后，在全美范围内都发起了对黑人发明家和企业家的打压；而在《伊甸园》问世之后，整个世界都掀起了一股压抑女性的热潮。可是，我们只会用这些证据来解释为什么有的国家能成功，你可以用恰当的经济科学理论来说明是什么催生了令人震惊的现代繁荣，又是什么促进了黑人及妇女的相对解放。我们会说：正是因为来自贝尔法斯特、执教于格拉斯哥大学的弗朗西斯·哈奇森（Francis Hutcheson）注意到了充分合作的重要性，也正是因为他的学生亚当·斯密，那个同在格拉斯哥大学，并与爱丁堡有着不解之缘的经济学巨匠注意到了鼓舞人心的自由具有多大的威力，是这些因素综合在一起，促进了一些国家，诸如早期的荷兰、英国，以及后来的美国、瑞典及日本走向进取和改进。如果像《美食指南》和《经济分析基础》这样的经典作品都会漏洞百出，那也就不难理解，为什么烹调学和经济学这两门学科也有失手的时候了。但无论如何，优秀的烹调学和经济学的发展，都应该归功于人类创造力的解放——正如令人钦佩的埃科菲和萨缪尔森所告诉我们的那样。我们应该探究促使这种创造力产生的充分条件。这恰恰也是经济科学的使命。

将产权制度这一必要条件看作现代经济增长的全部原因，就相当于认为因为哥伦布大航海之后把番茄带进了欧洲所以番茄酱才会出现的理由一样。很明显，这的确是个必要条件，但同样显而易见的是，这并不是个充分条件。英国、荷兰与德国也有番茄，但它们不具备做出番茄酱的充分条件，因而也就无法将本国餐饮发展成意大利菜和法餐那样的经典菜系。使法餐成为法餐的，是番茄、法国人以及当地资本；而德国菜之所以是德国菜，是基于德国所具有的那些条件（我就不列举了）。或者我们拿糕点来举个例子。在欧洲各国中，只有奥地利、丹麦和法国人擅长制作口味绝佳的糕点。如果你从哥本哈根开车过桥，抵达瑞典的马尔默，那糕点的口味就会从令人垂涎的珍馐变成难以下咽的饲料。瑞典也有烹饪食谱，有糕点师傅，但这并不代表他们也能做出媲美丹麦的美味佳肴。

新制度主义产生的必要条件其实是一些像阳光一样稀松平常的东西。如果一个社会完全不存在产权行为主义，它就无法孕育出优质的经济科学、政治学或者法律制度，自然也就不能称其为一个社会。历史的真相是：自人类社会出现以来，即便是在君主制社会，无论统治君主是否允许，执行产权制度和保证内部和平，都或多或少算得上是两种普世价值。科学的提法是"或多或少"，不是"是或不是"或者"有或没有"。小型的狩猎采集者队伍里是没有君主的，他们当中甚至根本不存在领导者，但他们也有一种朴素的所有权意识，区别在于这种所有权的范围更小，也不能转让，这和许多动物，哪怕是小到蝴蝶这样的生灵是同样的。"人文经济学"一词的创始人，也就是我提过的巴特·威尔逊，曾在其 2020 年的一本书中提出：人类之所以是唯一能够促成财产转移的生物，是因为他们具备制造复杂人类工具（比如矛）的心理及伦理习惯。在一个不受君主统治的环境当中，是囚犯和淘金者在制定社会的产权规则。论及更大规模的社会环境，比如，如今的以色列国已完全实施了财产私有制度，尽管《圣经》中对其确切特征的描述存在证据不一的情况，但在很久以前，以色列人曾经不明智地要求上帝赐予他们一位君主，而这一君主事实上侵害了他们的财产权，正如上帝借撒母耳之口所警示他们的那样。

成吉思汗大力推行法治，他严格管控马匹和女性所有权，进而统一了蒙古的野生骑兵。这一举动也使蒙古国得以在 13 世纪和 14 世纪，在其国土连续面积最大的时候（横跨今天的韩国到匈牙利）于全国范围内强制执行了和平产权制度。一位意大利商人曾在 1340 年宣称，处于蒙古治下的中亚路线"无论在白天还是夜晚都安全极了"。然而，这种侵略式、帝王式的政府只催生了蒙古的军事战术，但并没有产生创新。

冰岛是没有君主的，《尼亚尔萨迦史诗》（*Njàl's Saga*）中说：斯土应法而生（Með lögum skal land byggja），事实也的确如此（这句话也是 1241 年丹麦日德兰半岛法典的第一句话，至今仍被刻在丹麦的法庭上，它也是设得兰群岛与冰岛警方的座右铭）。《尼亚尔萨迦史诗》中还说：劣法摧毁土地（en með ólögum eyða）。冰岛的法律不是由君主，而是由近亲来执行的。当《史诗》中的贡纳·哈姆达森（Gunnar Hámundarson）杀死了吉苏尔白（Gissur the White）家的两个家庭成员时，冰岛法律授权吉苏的家人杀死贡纳作为补偿，最终他们也的确这么做了。没人去报警——但在 10 世纪和 11 世纪的冰岛不会有人这么做。换句话说，明晰产权和建立法制来阻止犯罪是必要的，这点没错，但这点绝不应该依靠君主集中制来实现。

新制度主义对法律中央集权理论的理解是有偏颇的。近期，两项分别由金布罗（Kimbrough）、斯密、威尔逊以及威尔逊、佳沃斯基（Jiaworski）、舒尔特（Schurter）和史密斯开展的实验表明：先前英国的詹姆斯一世与华盛顿大学的道格拉斯·诺斯主张法律中央集权主义，但他们认为，财产应该脱离法律中央集权主义的掣肘，这不仅十分必要，而且理由充足。诺斯的说法并无历史性的证据。"它对人类历史的看法过于狭窄了。"金布罗、斯密和威尔逊写道，"它认为在法律和国家产生之前是不存在财产的概念的，因为农业和畜牧业的发展都远远早于国家的出现。"但是，将社会统一起来的重点不是法律，而是道德与伦理。

值得注意的是，这些守法社会中没有一个出现了现代经济的增长。直到 18 世纪，英国在本国及其北美殖民地的农业社会中首次将良好法律的优良传统与一种基于平等的自由主义新理念加以融合，情况才有了改善。这种理念最早经由荷兰城市探索，接着在法国的沙龙文化中被理论化，并最终应用于整个英语文化圈。如果常规的、广泛存在的、必要且有益的条件都能就位——其实也就是我们所说的那些"生产配方手册"里的内容，比如产权概念、法治、资本市场、液态水、空气中的氧气、无频繁内战、时间按序流动、宇宙照常存在，当这一切都有的时候，人类创造力的自由释放就足以促进增长了。如同玛雅帝国、罗马帝国以及亚述帝国一样，北意大利、奥斯曼帝国、北印度、日本和中国这些国家在几百年间都曾具备过经济增长的必要条件，但它们却都没有出现那种受荷兰启发而产生，在 1700 年左右影响到英国，并于 1800 年之后扩展到全球的"财富大爆炸"的现象。

为此，我真诚地向我钟爱的经济学科及历史学科的同行们建言：请别再把那些必要或有益的条件（有时实际上是有害且无益的条件）看作 1800 年以来那些震世巨变产生的原因了，不管是煤炭、运河、专利、银行、产业政策的出现，还是这个或那个扩大了的部门，再比如法治的问世。如果你在政治上是右派，我亲爱的朋友，我猜你会倡导法治，因为你觉得小孩子都不守规矩，只有法律才能控制他们。如果你在政治上是左派，我同样亲爱的朋友，我想你会提倡推行产业政策，因为你觉得小孩子都愚蠢至极，只有政策才能约束他们。但不管你是哪一派，你都觉得人是要活在管控之下的。可是亲爱的朋友，站在自由主义的视角上想想吧，那些在商业进步中所产生的伟大美德，大多都出自独立于国家管控之外的成年人类行为。国家行为会伤害这些美德，而且事实上，它们确实通过征用土地、制定产业政策和设计不合理的税收等形式去这么做了。只有当国家许可个人行动，当人们能在法庭上畅所欲言，当专利申请的流程能被简化的时候，当这样的稀奇事儿发生的时候，那才是我们需要开香槟庆祝的时候。

我们还是来看看什么才是激发成人创造力的充分和有益条件吧。它们通常无法以无损形式出现在法律和国家之中，毕竟法律和国家的主要工作就是强制服从和阻碍创造（前面提到的《尼亚尔萨迦史诗》中的：劣法摧毁土地）。在几千年来的世界进程中，是先有大量法律和国家，然后才有 18 世纪的自由主义，再有因此而产生的大规模创新，以及人均收入增加数千个百分点的财富大爆炸时期。

社会当然是需要法律常规框架的，尽管这些规则存在已久。但是，它也需要一个允许打破这些规则的自由空间，就像甘地（Gandhi）打破了拉吉的国家盐业垄断法，并令自诩自由的英国感到羞愧一样。如若不然，政体或经济的发展就会停滞不前，因为说到底，法律还是某些特殊利益的产物。法律常行可耻之举，比如它颁布了吉姆·克罗（Jim Crow）法案，比如它默许种族隔离制度存在，比如它赋予警务人士合法的豁免权。只有一种政体可以消除这种羞耻感，在这种政体下，埃拉·贝克（Ella Baker）、纳尔逊·曼德拉（Nelson Mandela）或是"黑人的命也是命"运动（Black Lives Matter）可以创造性地违背权力意志，而不会在最后被法治所镇压。经济法执法过程的过度严格也是如此，其实，它保护的还是现有阶层的利益。要稀释这种利益，真正引发进步，就必须给法律松绑。

* * *

对新制度主义及其他行为主义风潮的另一种批评出自一个经常提及的技术性观点，即它们在测量方面存在明显的缺陷，而且通常缺乏量化。可以说，货物崇拜是当今诸多主流经济学派的通病。如果经济学除了描述其真实科学目标之外，还要作为一种政策性科学存在，正如经济学家在大约一个世纪以来所大胆宣称的那样——经济学是一项社会工程，杰出的经济学家参与其中，提出符合美国进步主义或费边社会主义的有益建议，如外部性或市场垄断，以抵消其"不完善"，而"单纯"的自由主义曾如此不光彩地默许这种行为泛滥——既然如此，我们当然要对经济政策的效果进行测量。然而自经济学自称是一门高超的政策性科学以来，它就极少对所谓"不完善"，及其所提干预措施可能造成的意外损害进行测量。

如果你是萨缪尔森学派的经济学家，你会对我发表的疯狂言论感到愤怒。毕竟，各大学术期刊上到处都充斥着有关"经济测量"的论文。但请想想吧。垄断、不平等、外部性还有信息不对称都是客观"存在"着的，这是不争的事实。是有一些经济学家在积极地测量政策对当地经济的影响，他们关心电话定价，关心劣等马匹或次品汽车的不完全竞争市场。但这种经济测量目前尚不具备可全国推广的意义。再来看看经济理论家所提出的各种不可能定理。其中最著名的当属阿罗关于投票行为的循环多数不可能定理，又称孔多塞悖论（Condorcet's Paradox）。与此类似但不太为人所知的，还有同时获得诺贝尔奖的梅尔森 - 萨特思韦特定理（Myerson-Satterthwaite theorem），该定理认为：即便房屋交易对买卖双方均有裨益，他们也可能会拒绝交易。这两个定理都未在政治或经济领域展现出实际的说服力。然而，政治学家与经济学家却一边臆想它们的威力，一边捋着胡须故作深沉地担忧自由主义政体和自由主义经济的未来。

这就好比是一个物理学家基于一项忽略了外部能量来源的局部研究得出结论，认定热力学定律有误，继而提出了可笑的永动机政策。我们将"外部性"这一所谓的"严重"不完善假定为：未经认真实证调查就认定各种政府政策的合理性。来听听那些新政策的辩护词吧："我们需要对设想出来的这种严重的不完善进行监管，我们也因为这种设想而获得了诺贝尔奖。"尽管这份辩护词中并未指明这种不完善究竟产生了多大影响。正如他支持毫无证据的反托拉斯政策，反对亚马逊的所谓有害"垄断"；也正如他支持空穴来风的关税政策，反对所谓有害的"倾销"一样。

同时，自 1800 年以来，这种高度"不完善"的经济使得我们当中最穷的人的收入也增加了……请容我查一下经济史上的热点新闻……3000%。瞧瞧吧，自 1800 年以来，一种严重不完善的经济竟然使我们当中最穷的人的商品及服务购买力增长了 30 倍，这可是了不起的财富增值。嗯，又一次被意第绪语言中：有了这种"不完善"，谁还需要"完善"啊？！

　　我提到的缺乏测量的"罕见例外"，可见于如下领域：例如，在农业经济学中测量烟草配额对北卡罗来纳州土地价格的影响；或在运输经济学中测量从芝加哥到圣路易斯的高铁成本及收益；又或者是（明显不太可信）在宏观经济学中测量通货膨胀与就业率之间的盈亏平衡点。但即便是这些测量，也鲜少问及当问题、计划和政策交互作用的时候，会对国家产生怎样的长期意义。真正需要探讨的科学问题是：当我们赋予政府越来越多的权力来执行创新政策的时候，是会鼓励创新，还是阻碍创新？同样地，因为亚马逊的"垄断"就将其拆解开来的政策，很可能也会阻碍零售行业的创新。不同的是，很早的时候，哈伯格（A.C.Herberge）就曾发表过有关垄断损失评估的论文，他也因为这一成果而获得了诺贝尔奖，而这篇文章实际上已经对上述科学问题做了回答。卢卡斯批判也从宏观经济学角度提出过类似的观点，尽管他没有运用测量的方法。后来我注意到：即便是我非常欣赏的科学与政治项目，我是说以乔治梅森大学为中心的实证奥地利经济学派，也与萨缪尔森经济学派的主流观点一样缺乏可信的、立足于国家重要性层面的全面测量。

　　作为经济科学研究者，我们应该做得更好。

＊　＊　＊

　　最后，我们需要问一问，以行为主义政策学的方式来干预经济是否合乎伦理，比如世界银行追随诺斯理论所采取的增加机构并且扩大影响的那些政策。简而言之，我认为我们都应该对制定的政策持保留态度。法国波旁王朝君主路易十四的主计长让－巴蒂斯特·科尔伯特（Jean-Baptiste Colbert）开创了一项被延续至今的传统，即他认为经济不同于艺术、音乐、语言或其他各种人类工程，经济是需要精细化和集中化监管的。当科尔伯特在1681年询问巴黎的商人需要政府为其提供怎样的扶持时，商人们却回答："让我们自己来就好。"

我赞同他们的观点：应该让自由的成年人自己来做主。要为学科发展提供科学的描述；不要制定霸道的政策来压制它们。要对社会事实做出真实的、可量化的、明智的评论；不要叫来警察，再把手无缚鸡之力的人民推来推去。要在瘟疫发生、森林起火和外敌入侵的时候尽早干预；不要让国家的权力无限膨胀，并以此对创新及分配大加管制。古典自由学派法学理论家理查德·爱泼斯坦（Richard Epstein）曾经写道："法律制度的关键功能可被巧妙地总结为八个大字——不可强要，但可交换。"正如自由主义政治思想家大卫·鲍兹（David Boaz）所言："在某种意义上，一直以来只存在两种政治哲学，即：自由与权力。"

现代主流经济学依照"给定"的僵化配方和科尔伯特老爹的干预主义政策行事，它们将自由成年人的创造力搁置一旁，取而代之以机械的行为主义。正如诺奖得主哈耶克及其同为诺奖得主的追随者弗农·史密斯所言："经济政策应是'建构主义'的，它实践的是启蒙运动中理性的那一面，而不是自由的那一面。启蒙运动发生在法国，而不是苏格兰。"建构主义者宣称要构建一个全新的世界。我们可以将之建构起来——就凭我们这些聪明且优秀，被政府赋予了权力，又被政府垄断了权力的经济学家。他们认为经济学是很简单的，无非就是一些投入和产出、构成与核算、供应链、生产函数，以及古板的配方手册之类的问题。近期有关这种简单性的一个极典型案例出自玛丽安娜·马祖卡托，她认为国家是最主要的创业者，国家也应该是最主要的创业者。

奥地利经济学家用一个专门的术语来代替这种用滥了的建构主义说法——发现。例行公事不算发现，草草了事也不算发现，"发现"是能为我们带来超丰厚收益的东西，比如过去两个世纪中因财富增长所产生的免费午餐。芝加哥打印街上新开的那家小杂货铺能成功吗？不知道，无法获知，很难说。像生产函数那样的机械保证并不存在，所以，根据生产函数的概念而对经济增长的原因所做的核算通常也是有问题的。发现是创造性的、自由的及面向成人的。坦白说，它也是可怕的，正因这样，"保护"才显得如此诱人。但最终，它会带来大规模的财富增值，带来那种解放成年奴隶之后所产生的 3000% 的人均收入增长。因此，它也是给人尊严的。它是真正意义上的"全民基本收入"，而不是最近提出的将国家对经济的控制权提高到 80% 的那种迷惑人心但又偏离常态的建构主义。我们应该鼓励"发现"，而不是让它被各种老爹及其军师、被太阳王路易十四及其官僚，或是被行会成员及其所制定的关税壁垒的命令所打垮。

不以发现为中心的经济学是会出问题的。新制度主义和其他行为主义学派就是如此。人文经济学则走在了正道上。政治学家埃莉诺·奥斯特罗姆（Elinor Ostrom，1993—2012）曾于 2009 年获得诺贝尔经济学奖，她是众多人文经济学实践者中的一员，早在 1990 年，她就曾效仿亚当·斯密写道：

完全依靠模型作为政策分析的基础会使学者们掉进一个智力陷阱：他们会假设自己是全知全能的观察者，能够通过对系统的某些方面进行风格化的描述来理解复杂、动态系统的运作本质。基于这种全知全能的错觉，他们在向政府建言的时候毫无压力，因为在他们的模型中，政府被设想为无所不能的权力机器，能够纠正在任何情况下产生的不完善。

更稳妥的做法是放弃政策，保留一个人性化的、合理的安全网，让人类的创造力来发挥作用。从自由主义传入以来，这种做法的确使英国取得了惊人的成功。社会工程看起来是缺乏自由度的，而且它通常会引发灾难性的后果。而自由主义则使人们变得富裕并且感觉良好，比如 1800 年以来的美国西进运动，1978 年以来的中国改革开放以及 1991 年以来印度对于自由主义经济的探索。新观点产生富裕，而经济学家、哲学家阿瑟·戴蒙德（Arthur Diamond）在其得意之作中所提出的"对创造性破坏的开放"则滋养了这种富裕。富裕并不产自资本、机构或是国家干预这些供应链上的中间环节。在面对德国、苏联或北越人的创造力时，那种依靠投入—产出思维的战略轰炸并未带来预期中的效果。基韦斯特（Key West）是这样看待指令的：它不应被工程化，下达指令的要义并不是划定一道诡异的分界线或者发出尖锐的吼叫。正是因为人类的创造力被极大地释放出来，才有了后来的社会富裕。

所谓创造性的想法是可以很简单的，简单到就像在马里兰州巴尔的摩的穷街陋巷上售卖商品一样。电视剧《火线》（*The Wire*）中的角色巴布勒斯（Bubbles）是个企业家，他通过低价买入再高价卖出除臭剂与糖果棒的方式来为自己赚取毒资。剧中的每个人都因此而变得富有，当然，后来巴布勒斯每天都被硬汉抢劫，那时候他是个例外。或者我们跳出虚构作品来看看，穆罕默德·布阿齐齐（Mohamed Bouazizi）的主意是在突尼斯西迪布济德（Sidi Bouzid）的小街上卖货，在此间他多次遭到警察抢劫，为了抗议不公及追逐自由，他最终发起了"阿拉伯之春"（Arab Spring）自焚事件。不要摆布群众。思想是最宝贵的财富，给人自由，他们会回报给你奇思妙想的奇迹。

不同于保罗·克鲁格曼及玛丽安娜·马祖卡托拥护国家强权的观点，我们认为：好想法的产生和大政府的存在没有多大关系。托马斯·黑兹利特（Thomas Hazlett）近期关于美国无线网络发展史的论述可以有力地证明集权主义信念的不妥。例如，黑兹利特在其论述中声称，是政府，或者也可以说是当时的美国总统阿尔·戈尔（Al Gore）开创了互联网的都市传奇。但恰恰相反，追逐盈利的企业家才是互联网的发明者。当然，有关互联网的技术中确实有一小部出自国防合同，尽管里面的绝大多数在很长时间里都是秘密履约的。无论如何，深谙经济学之道的经济学家都会怀疑，私人观点是否经常会替代国防部的想法。城市工程建造了位于谷歌山景城总部外的露天剧场大道（Amphitheater Parkway），但这并不意味着是城市本身孕育了谷歌的搜索引擎。短期必要条件不等于长期充分条件。

倖若应了那些水货经济学者的想法，个人观念从不绑架机构命令，那世间万物只要具备大差不差的必要条件就能大功告成了，从山景公园大道到神的旨意莫不如此。我们对何为重要之物缺乏科学性理解。马祖卡托将之称为供应链谬误（Supply-Chain Fallacy），并在其著作中对其做了充分的解释。萨缪尔森经济学批判中将其称为生产函数谬误（Production-Function Fallacy）。马克思主义经济学批判中则将其称为结构性谬误（Structural Fallacy）。的确，短期看来，无论是供应链中的这个或那个项目、生产函数，还是现有结构，都可以被视为一种必要条件。但这就像一只机械手表一样。要让手表走动，齿轮和表盘当然必不可少。但是，真正赋予手表动力的装置是弹簧，是上发条和利用擒纵器释放弹簧以传递原动力的这种人类行为和激励条件使得手表的指针能够转动。谷歌能取得如今的成就，的确得益于它所选择的发展道路，但创始人拉里·佩奇（Larry Page）和谢尔盖·布林（Sergey Brin）才是这个公司的"弹簧"。

管理理论家斯彭德这样描述往常的无弹性管理理论："此时的管理者被视为负责决策的"黑匣子"自动装置，而非业务的主动开拓者……管理者只是……实践理论的工具。他必须遵照理论行事，否则就会犯错。"经济学家会意识到这是新古典主义企业非理论的内容，在这一理论中，企业并无内部结构，只是最大化它的"黑匣子"功能。它仅仅是"执行理论的工具"。与之相反，斯彭德赋予了企业家全新的定义：能在缺乏必要数据的情况下做出良好决策的人。他依据自己在劳斯莱斯及其他企业供职的经验指出："不同行业应对不确定性的方法不一而足。"每个了解本行业的人都知道这个行业的"配方"，它不是死板的生产系数，而是一些粗浅建议，这些建议告诉我们应当如何处理特定行业中有关生活及经营方面的"知识缺位"。这样描述更为确切：它鼓励人性解放，允许由人来提出更好的想法，而不是将企业家变成生硬的反应机器。

事实证明，自由之人最易产出好的、适应力强的、富有成效的想法。对于这种"自由"的定义，至高标准是他摆脱了一切的人类桎梏，最低标准是他从其所属企业或政府部门解放出来，有能力探索新鲜事物。首席执行官（企业家）是企业的中心人物，但据说，丰田公司每年能从工厂车间的意见箱中收获一百万个新想法，而通用汽车公司则将意见箱束之高阁。自由主义经济就好比丰田，而大政府模式就好比通用汽车。当然，在我们对社会工程的幻想中，政府即便不是极富创造力，至少也应是通情达理和乐善好施的。但事实上，在爱沙尼亚和明尼苏达州以外的大多数政府都因其阻挠发展而臭名昭著；即便是最好的政府也会不断宣扬无所不在的外部性及无所不能的大政府，以此来胁迫、指挥、怂恿、摆布芝加哥西区的普通民众，并最终使其堕入贫穷。我想说的是，放过大家吧。

政策科学中对于国家及政府全能的假定通常伴随着对伦理反思的不足。我想问，经济学家女士，你凭什么认为你有资格假借科学或正义之名来"敦促"自由人类呢？从进步派和费边派开始，我们就一直偏向于制定中央集权的、科尔伯特式的、自上而下的经济政策。尽管在美国和其他英语文化圈国家，制定这种绑架政策的人会明目张胆地自诩为"自由主义者"，但它仍是一种明显的反自由主义。更糟糕的是，在 20 世纪初现端倪的法西斯主义于 21 世纪死灰复燃，其右派支持民粹主义幼稚化，提出要给传统党派加码；左派倡导民粹主义朴素化。走中间路线的监管型国家，也恢复了那种在斯密和密尔的自由且富足时代来临前，主宰欧洲已久的领土制和行会重商主义。别这样好吗？现在是自由时代。

换言之，别再重演从公元前 8000 年延续至公元 1800 年的那种等级制度了，那是农业社会的老古董，我们的祖先在数百万年的狩猎和采集过程中刻下了自由自主与地位平等主义的基因，是时候好好发挥这个优势了。科学界已达成共识：人类历史上有记载的有关游牧民族的核心特征是他们在政治上的平等主义。游牧民族内部不存在等级社会分层……领袖（如果有的话）对群体成员的权威极其有限；群体中的角色及职能轮换时有发生；人们来去自由；没人可以命令或制约群体成员依照自己的政治愿望行事。把这种社会基因和农业社会及现代政府惯用的等级操控对比一下。太不自然了（嗯……对魅力型领袖的喜爱似乎也是人类社会的一种约定俗成）。在过去两个世纪之中，人类发展出了更优质的基因、更饱满的人性，我们的文化素质大幅提高，社会财富显著增长，互联网技术日臻成熟，这一切都呼唤着自由主义的到来，预示着那种受政府强制的、自上而下的经济学已经过时了。这是政策自由化的时代，该是人文经济学出场的时候了。

第二章

经济学应认真对待
经济测量问题

经济学中的不自由和非科学路线是如何产生的呢？是这样的：过去数百年中，对经济的科学理解先是兴起，后又退却。这种退却出现在 1848 年后，从人们明显不经测量地去理解经济开始。这也一直是经济科学中的主要弊病。

自 1848 年起，政治经济学入局经济学界，并逐渐参与解读商业化验证改良（commercially tested betterment）。【可惜的是，它成了对手口中的"资本主义"，也就暗示说资本积累就是促成改良的充分原因了。其实不然。自由主义以来，对于这个体系更科学、准确的叫法应该是"创新主义"（innovism）】

然而，在 1848 年后，越来越多自称经济学家的人们开始曲解这种商业化验证改良与自由创新主义的思想体系。事实上，政治上的左派和中间派人士对待创新主义的态度是充满愤怒与蔑视的，比如凡伯仑在 1898 年抨击英国经济学的时候就曾提出过一个所谓必要的假设，认为它是"享乐主义的概念……它就像一个人类悲欢的快速计算器，经由刺激产生冲动，然后像一个灌满幸福欲望的均质球体一般来回震荡"。对市场"不完善"的批评成为经济学的焦点，人们对 1848 年之前一个多世纪中经济繁荣、财富增值现象的理解也出现了诸多偏颇，好一点的会对这种繁荣避而不谈，坏一些的则诋毁它是"资本主义"的宣传材料，人们认为这种宣传中的恶意及虚假性是显而易见的，所以根本无须通过实际测量来说明它到底有多"恶"和多"假"。

这种错误理解所产生的后果是：自 1848 年后，学界很少，大约从来没有，对这种经商界验证过的改良系统导致的"不完善"进行过测量，自然也没有证据能够表明这种不完善已经严重到了几乎要让人抛弃供需理论和自由经济的地步。自 1848 年以来所提出的这种"不完善"是理论层面的，它就是库普曼斯所说的有关定性定理的"卡牌"。人们通常会在深思熟虑之后用数学形式将它们表达出来，这是好事。理论化或是数学本身并无不妥。但是，一种理论无论是用数学还是语言的形式表述出来，都不能证明它代表的就一定是科学真相，而且，将缺乏经验验证的概念等同于事实本身就是一种科学性错误。正如伊曼努尔·康德（Immanuel Kant）所言："没有内容的思想是空洞的。"

换句话说，从对市场经济的理解中逃离，这是缺乏科学道理的（我会在后面说明，新制度主义也缺乏科学性，因为它同样站到了那种"不完善"的反面。但在这，我指的是更广泛意义上的萨缪尔森经济学）。【借用马歇尔（Marshall）的学生、经济史学家约翰·克拉彭（John H. Clapham）在 1922 年所用过的一幅图像】那种"不完善"就像是一个"经济学的空盒"。克拉彭说："理论层面的盒子都是空洞的，因为我们并不测量里面的内容。"

大多数科学论证都有赖于测量。但人们自 1848 年以来的那种"逃离"是个反例。它依赖于想法和"经济学的空盒",它在缺乏事实内容的前提下就给理论分门别类。在地质学、历史学这类依靠测量的学科看来,自 1848 年以来的经济科学发展历程的确令人费解。

我们用一个负面表达来概括这种"逃离"的症结——"完全竞争"(perfect competition)。它与先前提到的"人类悲欢的快速计算器"是同义词,准确地说,它就是我们在后面会讲到的——马克斯·乌学说。"完全(自由)竞争"一词先后进入政治左派、中间派及右派的视野,并被其视作一种富含神话色彩的独角兽。经济学家自觉有越来越多的理由去质疑这种神兽是否真的存在,甚至是不是"大约"存在,哪怕它只是一匹脑门上有个明显凸起的脏兮兮的小白马。这里的"大约"一词非常关键。在进化生物学和军事历史学这样的描述性学科中,我们会使用"充分接近"的说法,这种说法能够指明接近的程度。同为描述性学科的经济学也需要这样的表达方式,但在目前,总体而言,经济学还没有达到这样的水平。它采用的是二元论的表达方式,要么是,要么否;要么开,要么关;要么绝对,要么没有。

因此,经济科学思想史可以分为两个部分。第一部分是 19 世纪 40 年代(1848 年)年前到 19 世纪 70 年代,这个阶段的重点是教育。亚里士多德是反对商业的,这一时期的黑暗分别在 13 世纪和 16 世纪被阿奎那的启蒙者及萨拉曼卡的多米尼加人所冲破,但真正的胜利出现在 18 世纪初的法国,18 世纪末期,英格兰人将经济科学彻底带到了大众面前,而这一学科也在 19 世纪初期发展至鼎盛。第二部分是 19 世纪 70 年代以后，有了之前的根基，此时经济学的发展更为迅速，这个阶段的重点是对处于阴影之下的"不完善"的再教育。或者有的人，比如我，会用这样的字眼——去教育化。

经济学家约瑟夫·佩斯基（Joseph Persky）于 2016 年出版了其精彩著作《进步的政治经济学：约翰·密尔与现代激进主义》（*The Political Economy of Progress: John Stuart Mill and Modern Radicalism*, 2016），他在书中指出：经济学发展的转折点正是密尔（Mill）的《政治经济学原理》（*Principles of Political Economy*）一书的出版，而这本书的首版时间就是 1848 年这个革命性的年份。佩斯基有力地论证了他的观点，他认为密尔的成功代表的是放任主义的胜利，但这同时也是对所谓"不完善"进行理论批评的开端。佩斯基赞赏这类批评的声音。正如伊利诺伊大学芝加哥分校的另一位研究此类问题的优秀学生——哲学家塞缪尔·弗莱沙克（Samuel Fleishacker）对受我们尊敬的亚当·斯密的描述一样，佩斯基在提到和蔼可亲的密尔时，也认为他是一个政治上的左派人士。

我杰出的左翼同僚必然有其正确之处。如佩斯基所言，有哈里特·泰勒（Harriet Taylor）的影响，加上对与己相左的观点所抱持的异常包容的科学态度，使得密尔在成为最初的温和社会民主党人的同时，也站到了古典自由主义的顶峰。而斯密，就像弗莱沙克所说的，他是他那个时代的激进平等主义者，他提倡他所谓的（社会）平等、（经济）自由以及（司法）公正。换句话说，作为最早期的自由主义者，密尔与斯密都主张人类的自主繁荣（然而，斯密并不是那种站在乡村俱乐部里瞧不起穷人的角色。比如他就曾提倡在苏格兰开展小学教育，并由当地政府支付费用）。

对 1848 年后出现的"完全竞争"的独角兽的批判当中，最简单的形式是冷笑着指出：在伊甸园之后的世界里，所谓的"完全"压根就不存在。注意"存在"这个词，它是一种定性层面的绝对。它不包含任何近似、粗略估计的意思。只表明开或者关，是或者不是。我们每天都会听到这样的辩论，辩论双方对我们的生活环境是否"大约有利"争执不下。要结束这种争论，就需要判断到底是否存在一种人文的、纯数学的概念。当经济学家故意制造失败，想证明商业化验证改良无法实现乌托邦的时候，他们自以为是在研究定量的、可描述性的科学——尽管他们并没有提供证据来证明这种失败在事实层面对整个系统的重要性。这就好比有人提出了一个有关山脉隆起的非构造模型，但却给不出证据来说明该模型的事实重要性。他们会说：山脉的隆起是由地壳"起皱"所导致的。伪地质科学家忽视大西洋中部裂缝大小的这种行为，同伪经济学家忽视财富增值的具体规模如出一辙。

这种关于存在或不存在的陈词滥调也蔓延到统计学研究当中，库普曼斯体系认为该类研究恰好说明了经济学是可以用来描述近似程度的。这类研究依赖于一个错误的概念，它们认为数据本身可推断出"是"或"否"的统计意义，而这种统计学上的显著性可以等同于我们所说的重要性。但是这种想法并不能从科学角度说明究竟多大算大。在过去的很长一段时间内，美国统计学会都是赞同这一概念的，但现在学会否定了这个概念。也许，现在是该引起经济学家注意的时候了。

我重申一下，问题并不在于经济学家使用了数学方法或者统计理论。问题在于他们使用了何种数学方法与统计理论，这一点通常取决于青年经济学家师从哪个门派的前辈。大部分经济学家的数学都是在数学系学的，而不是在工程系、物理系或者气象学系。因此，他们学到的是如何用定性方法证明数学命题，而不是用这些命题定量地研究世界。现实生活中的工程师和物理学家并不关心那些数学命题是否经过了数学系学生的证明，并且达到了希腊式矛盾存在证明的标准，比如证明 2 的平方根的无理性。他们只关心这些命题是否可以用来表达近似值。例如，2 的平方根可以近似地表示为像 1.41421 ± 0.000005 这样的有理数。就好像有了这些近似值，他们就可以自行建构出一道桥梁，以确保自己的理论万古长青。我再举个近一点的例子。在微积分被发明出来后的两个世纪里，人们以各种方式使用它来研究物理世界，这比数学界通过严密的证明来明确 ε 代表无穷小而不是零要早得多。薛定谔的波动方程也是如此，它也没有经过数学公理的证明。但是自 1926 年以来，它就被物理学界大力采用。

然而，现如今要学习经济学研究生课程中的主要科目，你得先学会那个声名狼藉的"实分析"课程，也就是增强微积分，这是数学专业本科生的基础课程。它综合了纯粹数学家所钟爱的有关存在与否问题的各种证据，但对实际科学却毫无用处。一个受到纯粹的数学学者影响的经济学家会很容易纠结于存在与否的环境当中，以此回避一个充满麻烦的，或多或少都得用经济学来测量并描述经济现状的世界。他相信（错误地相信，因为物理学家可以告诉他实情）：一个数学表达式，或者是像购买力平价理论这样的经济理论，如果你不能从数学角度证明它与某些公理存在一致性，那这些理论就是百无一用的。这位经济学家也同样认同：你得先证明意大利的经济是稳定的，然后才能使用数学表达式来描述该国的经济活动。他还认为：你当然得先证明微积分的合理性（通过实分析的方法），然后才能用它做函数最大化，比如效用函数最大化。当他自以为转向他所理解的那种实证方法，问出了"回归方程中的系数是否'为正'"这样的问题时，那就算是一个有意义的科学问题了。答案无非就是"是"或者"否"。

1939 年，伟大的英国数学家阿兰·图灵（Alan Turing）与受过航空工程师培训的伟大奥地利哲学家路德维希·维特根斯坦（Ludwig Wittgenstein）曾开展过一场著名的辩论。这是伟大与伟大之间的交锋，但这两种伟大源于两种不同的数学学习方式。

> 维特根斯坦：问题是，为什么人们会惧怕矛盾？人们会惧怕数学之外的，诸如指令、描述等方面的矛盾，这很好理解……但是为什么人们会害怕数学内部的矛盾呢？图灵答："因为人们在应用（数学）的过程中也会出错。"……但是，如果真的出了问题，那错就错在你使用的自然法则是有问题的。
>
> 图灵：别太迷信微积分，除非你能证明它不存在隐含矛盾。
>
> 维特根斯坦：但是到现在为止都还没发生过这种类型的错误。

经济学家醉心于建造专注描述与政策制定的科学之桥，他们应该是站在维特根斯坦这边的，且应该用数学方法来测量经济。

但他们常常站到了图灵的那边，不断渴望着去证明经济理论中并无隐含矛盾。

我最后一次重申我的观点（你在听吗？）：我并不反对数学。但我们需要的是与实际经济世界相关的数学，比如傅里叶序列、一般均衡模拟以及模糊逻辑，而不是对它们的证明。如果你只是证明了在这样或那样的公理之上"存在"着竞争均衡，你就没有提供任何科学价值。我与数学经济学家哈恩略有交情，我曾对他说：证明一般竞争均衡存在的定理对描述性经济学或是政治经济学并无用处。他回答说，如果他能证明促成完全竞争的必要条件是何其繁多、何其怪异，他就能证明"为什么玛格丽特·撒切尔是错的"。哈恩之所以会在缺乏内容的思想世界中徘徊，是出于伦理政治目的。假如你赞同他的观点，就相当于你也同意撒切尔是错的。不过，要证明这一点，是不需要定理的。你需要的是一个经验证据，即证明她与自由主义市场政策间的（短暂的）逢场作戏，并未使实际的英国社会受益。

我的观点也不是反人性的，我们来看看另一个方面吧，免得你因为这里对量化的强调而感到紧张。人文学科类的研究在任意以及所有科学论证中都是必要的初始步骤。用数学形式来表达"重力"的概念，是很合适的；但是用数学来表达"燃素"和"乙醚"就有点不合适了。1880 年，经济学界和心理学界提出"效用"是可测量的；过了一段时间，他们又认为效用不可测量；然后，可能是为了打赌，他们又认为效用"可能"是可测量的；最后他们又回到了原点，并宣称自己测量到了所谓的"幸福感"（人文学科对此的批评是：这种新兴的幸福主义看起来是非常可疑的。因此，如果简的幸福度是华氏 100 度，约翰的幸福度是华氏 212 度，那我们就可以得出结论，他俩的平均幸福度是……呃……156 度）。

然而，如果你要提出一个定量的观点，按照经济学这样的描述性科学的必经之路，你得在初始的人文研究之后，进行实际的核算。这样，也许你能证明玛格丽特·撒切尔是错的。当我们所使用的经济学实际上忽视了对重要性的测量时，我们很容易像哈恩那样被自己的政治热情冲昏头脑。如果你了解意大利自 1800 年以来的实际人均收入增长了 30 倍或者更多，那么你在谴责"资本主义"使人贫穷的时候，至少会收敛一些。你可以继续当一个社会主义者，但是作为一个严肃的科学家，你必须通过某种其他方式来强化你的论证，而不是不断编造虚假的事实，把它们当作致贫的原因。

反对市场的独角兽论点仰仗一个乍看有理实为废话的观点。再次引用完美理论家康德的话，它仰仗的是一个可悲的事实——"人性这根曲木，决然造不出任何笔直的东西。"我们天生就知道这个命题。但用这样一个非量化的标准描述出来的"不完善"，并不属于康德所说的那种"先天综合"（意思是它是天赐的，但它还是经验性的）判断。因此，左派（右派也常持这种缺乏证据的逻辑，所以我对撒切尔的痛恨者很公平）经济政治学认为，"完全"竞争是不可能存在的。这就是为什么商业化验证改良行不通，尽管它带来了 30 倍的收入增幅。证明完毕。它非输不可，用康德的话说，它是一种"先天综合判断"，而这种论断也是康德个人的"独角兽"。赌局刚开，便在四步内被终结。拒后翼撒兵。对手得分。

这是个愚蠢的论断，尽管我们在不同政治派别当中都能听到。温和的左派，诸如保罗·萨缪尔森和约瑟夫·斯蒂格利茨以及他们的许多追随者认为（未经测量）：完全市场不可能存在，因此政府干预是令人向往的 / 必不可少的 / 好的。温和的右派，诸如教皇利奥十三世（Leo XⅢ）和威廉·巴克利（William Buckley）以及他们的许多追随者认为（未经测量）：没有等级划分的完美社会是不存在的，因此教会和贵族制度是必不可少的 / 纯洁神圣的 / 好的。自由主义者，诸如路德维希·冯·米塞斯（Ludwig von Mises）和弗里德里希·哈耶克以及他们的许多追随者认为（未经测量）：完美的中央计划是不存在的，因此社会主义是无法实现的 / 不切实际的 / 坏的。请再次注意，在控诉这些愚蠢论断时，我对各个政治派别都是一视同仁的。

对此的争辩必须停止。这种不加衡量的愚蠢行径是经济学长久以来的特征，这一点自希腊、萨拉曼卡、爱丁堡、英国剑桥、马萨诸塞州剑桥或芝加哥学派以来莫不如此。它用存在性定理来代替定量判断，用黑板经济学来取代事实调查。两者都无须测量。要么就以人文学科为基础把经济学分到这个或那个定性类别里去，比如劳动力过剩类别或消费者非理性类别，然后打道回府。要么，就去做偏颇的、非科学的政治学研究。

对经济科学存在问题的最恰当的描述是：现行实际计划或现有实际市场距离一个"相当好"的状态有多远。所谓"相当好"（pretty good）的说法出自政治学家约翰·穆勒（John Mueller）在1999年的重要著作《资本主义、民主和拉尔夫的相当好杂货店》

（*Capitalism, Democracy, and Ralph's Pretty Good Grocery*, 1999）。
他认为："相当好"是一种我们可以期望的状态，它代表着我们
寻求的是一种在某种程度上可被测量到的"近似好"。最好不要
轻易尝试乌托邦，因为这种尝试很难带领我们达到"相当好"的
状态——看看日内瓦的神权主义、霍梅尼在伊朗开创的新和谐社
会主义，以及马杜罗在委内瑞拉的探索就应该明白了。

　　我的判断是：如果我们想以理想形式真正帮助穷人，那么放
任政策是一个更好的选择，这一点，从中国和印度近年来施行经
济自由化所产生的成果中可见一斑。如果在放任政策的基础上再
加上一道合理的安全网，就是基督教自由主义。你可能不同意。
但无论如何，这样的判断需要的是事实层面的、数学定量的行动
方案，而不是人文层面的、分门别类的指导方针，尽管人文及分
类的这一步，我再说一遍，也就是理论登场的这一步，在初始阶
段是必要的，而且它也可以为那些确实在听、在真正倾听的科学
家提供一个可以静下心来讨论的本质议题。

　　托马斯·索维尔（Thomas Sowell）这样总结该论点的事实
材料部分："资本主义制度下存在一条有形的'成本—利润'链
条，这是社会主义制度所没有的；社会主义制度下存在一条无形
的'成本—低效—由此导致的损失及破产会使其在资本主义制度
下遭受淘汰'的链条。在资本主义经济体制下，大部分商品的价
格都更低，这一事实意味着利润的代价比低效的代价要更小。换
言之：利润是为效率所付出的代价。"在美国，包含地租在内的
利润成本，可能占到国民收入的20%。但在诸如东德、朝鲜和委
内瑞拉这样的社会主义国家，就算忽略掉当地令人发指的独裁主

义，由低效所产生的成本也要占到国民收入的 50%。大体情况是这样。如果站在严格的实用主义立场上，从经验角度说，讨论已经可以结束了。但你反驳说，这场讨论还没完。但无论怎么说，这些数据都证明了你赞同这是个相关的科学问题。在人文主义语境下做"资本主义"和"社会主义"的分类，这本身并没有问题。在某些可能的环境下，社会主义中央计划和国家化的手段是可以"奏效"的。但从经验角度来说，它在我们的实际世界中不太行得通，即便它能行得通，这也不是单凭给它们分门别类就能说明白的。

你或许并不赞同我在数量上的判断。例如，你可能会以科学哲学家所称的"迪昂困境"（Duhem's model）的方式争辩说，是我控制实验的方法不当，比如当时东德或委内瑞拉的特征，如果是以比较温和的形式表现出来的话，那它们与瑞典、美国那种依靠警力来施行的税收及管制就不属于同一类人文范畴。你可能会和许许多多的当代青年一样，认为从修道院到无产阶级专政的这一系列历史案例，算不上真正意义上的社会主义。让我们再试试吧。先忘掉 1917 年。

但问题是，当我们谈到测量的时候，至少我们也发起了一场朋友间的自由讨论，在这场讨论中，我们可以倾听，真正去倾听，那么最终我们就可能找到解决问题的契机。如果我们停留在争论存在与否的黑板经济学上，对人文科学技术不甚熟悉，甚至也无法在有关本质的讨论中取得进展，那这场争执就可能永远没有停下来的时候，而我们也只会越加恼火地质问到底哪种独角兽才是我们该批评的，是蓝色的那只，还是红色的那只。左派学者认为：完全市场是只独角兽，那种只见于神话故事中的野兽。而自由派学者则持相反观点，他们认为完美的政府才是独角兽，同样地，它也只存在于神话当中。更有可能的是，我们将因此拒绝听取对方的意见，继而无法就科学性描述及政策的制定达成合理的、量化的统一意见。在中世纪，许多市政厅的大门上都刻着这样一句话：Audite et alteram partem."另一方的意见也要听"，这也是科学研究中必须遵从的守则。

我再说一遍（因为之前我说过那是最后一次），人文学科对描述性科学是必不可少的：何为"劳动力收入份额"的正确定义？如何最为合理地界定"外部性"？它涉及伦理决策吗？市场"良好"运转的标准是什么？护理工作（care work）在经济中的地位如何？我们对会计分录的选择是否足够全面？

但是，分门别类只是政策研讨的开端，不是结束。然而有太多经济学家都将其视为终点。约翰·克拉彭在 1922 年批评当时的理论家（今时今日仍是如此）仅仅根据一两张图表就敢建议政府补贴所谓的收益递增行业。经济学家对如何获取知识来形成行动方案避而不谈，他们也不曾指出自己非计量性的建议能在多大程度上辅助不完美的政府把现实社会从相当好或相当坏变成完美。克拉彭恼怒地写道："经济学家在此时的沉默让那些'并非研究类别而是研究事物的学生'感到沮丧"（"类别"是科学研究中的人文研究阶段，而"事物"是下一步，是涉及测量的阶段）。他着重批评了庇古（A. C. Pigou）。克拉彭写道："人们阅读庇古的《福利经济学》（*The Economics of Welfare*）后发现，在近一千页的书中，甚至没有一处提到了该把哪个行业放进个盒子里（也就是应该归属于哪个理论范畴），尽管许多论证的开头都是'当收益递减的情形占上风时'或者'当收益递增的情形占上风时'，就好像人人都知道那说的是什么时候。"克拉彭口述了理论家们的回答，他说他们所设想的是缺乏重要性测量的"经济学空盒"，直到今天我们还能听到这样的回答，但在过去的一个世纪中，这种说法的可信度并没有提升。"如果那些了解事实的人不能对其进行（后来我们所说的计量经济学）拟合，我们（理论学家发现只要提出好的建议，就可以弥补经济中的重大缺陷，比如通过向收益递增行业倾斜来促进工业发展的产业政策）会感到非常惋惜。但尽管如此，这些学说仍然保留了其逻辑性及教学价值。这就不难理解，为什么它这么容易就被放进了图表和方程式中。"

很久以前，我在一个定理中表达过仅探讨"存在与否"的方法的重大问题，似乎这与经济科学有史以来所存在的争议是一致的。我把它称为"A-Prime-C-Prime 定理"，具体如下（我在先前批评库普曼斯和哈恩的时候浅浅地提到过它）。假定一组据称描述经济特征的假设 A（比如包括了一个凸生产可能性集），指向了一组关于政策的结论 C（比如自由国际贸易是可行的）。那么有了这样或那样的一般性（或者不是一般的，但总归是分类的、非量化的）假设 A，就一定存在，严格来说是由 A 所导致的一种世界的状态，也就是结论 C。经济理论对此的典型表述是："如果信息（完全）对称，就存在一个（绝对理想的）博弈均衡"，或者，"如果人在以下意义上的预期是（完全）理性的，也会存在一种经济均衡，在这种均衡当中，货币政策无法发挥效用。"这是一种质性的、人文的、理论层面的分类工作，作为科学研究的第一步，它是非常值得做的。

现在想象另一套经济假设 A′，也就是 A-prime。例如，从理性预期到新凯恩斯主义的宏观经济学，或者更早，从竞争性的、自由准入的微观经济学到垄断性的、产能过剩的微观经济学，诸如这样的再构想。当然，如果你改变假设条件——比如，引入不按人类悲欢快速计算器行事的家庭；或者让信息不那么对称；或者加入任一种退而求其次的方案，比如垄断或是税收；再不然承认生产中的非凸面因素，类似庇古所说的收益递增行业——那么结论也会相应地改变，至少在一般情况下是这样。

当然了，不要忘记我们在开头举的投球区以及非合作博弈论的例子。这种说法并不深奥，也不足为奇。假设变了，结论也会跟着改变，至于变多变少，要看实际情况。我们将新结论称为 C′，它可能意味着在新的假设下，自由国际贸易是不可行的。所以，现在我们既有陈旧的、不光彩的自由主义假设 A 可导致结论 C，也有新鲜的、可发表的、有诺贝尔奖价值的、出色的左翼创新假设 A′可导致 C′。

然而，我们也可以再加一个角分符号，变成 A″，就像数学家说的那样，按过去的做法，为假设引入一些其他可能性。A″导致与之对应的 C″，那我们还能在《经济理论杂志》（*Journal of Economic Theory*）上再发一篇文章。以此类推：A‴可以导致 C‴，由此我们可以推出无限多组对应的假设与结论。如此循环往复，直到经济学家们精疲力竭继而打道回府，或者转行去搞激烈的党派政治。

任何一个经济学家，只要见证过抽象的一般均衡理论、凯恩斯的免费午餐理论、活动分析理论、自我陶醉的博弈论、理性预期理论、新制度主义理论或者行为经济学理论（我对后两种理论进行了预测）在学术界的兴衰历程，都应该知道 A-prime-C-prime 定理在科学上是走不远的。

A-prime-C-prime 定理

对于每一个映射到 C 的 A，都存在一个与 A 无限接近的 A′ 或 A″，可映射到 C′、C″ 或其他，并且 C′ 和 C″ 与原先的 C 并不相交。

关于这一点的证明：作为练习留给读者去完成。

这对我们有什么科学上的启发呢？在缺乏严肃验证的情况下，A-prime-C-prime 定理是一种很好的经济论证描述方法。如果人们停留在验证统计显著性的阶段——那种论证破产的方法——或者说，如果人们不做定量研究，也不探究实际数量，那么这种验证永远也不会发生。这是一种纯思考，用康德的话说是"没有内容的思考"。哲学、神学、纯数学或经济理论，这些都是很好的研究领域，也是我最喜欢的领域，事实上我在其中三个领域当中都发表过一些文章。然而，它们都不足以成为一门描述性科学。我们对"不完善"的理论解释从不严肃追问"到底有多不完善"，要了解这一点，我们需要通过严肃模拟，或是其他方法来正视学界对于"究竟多大算大"的批评。我们的理论化，以及对本该受到支持的市场化社会的批判或是辩护，在目前来看通常是质性的，而非量性的。它们都没有被组织起来去研究实际数据。

第三章

未经测量的"不完善"存在已久

我曾经说过，自由主义的兴起与退却是一个有用的经济史学框架，尽管这种退却令人沮丧。为了证明更广泛的主张，我们可以在经济学的语境中研究科学方法所存在的谬误，因为正是这种谬误导致了自由主义的退却。考虑一些细节问题。

以下是部分令人忧虑的悲观主义观点清单（如果你是一位对自己领域的历史略知一二的经济学家，你会想到更多内容），打从它们出现起，这些观点就在学界占有一席之地，正如经济思想史学家安东尼·沃特曼（Anthony Waterman）所言，"马尔萨斯（Malthus）在 1798 年发表了首篇论文，他在文中将土地稀缺性作为核心。由此便开始了长达一个世纪的由'政治经济学'（乐观的财富科学）向'经济学'（悲观的稀缺性科学）的转变"。

1. 马尔萨斯担心劳工数量会激增。

2. 李嘉图（Ricardo）担心土地所有者会侵吞社会产品。

3. 马克思担心：资本所有者如何看待历史唯物主义，决定了他们是否会大胆尝试侵吞资产。

4. 密尔担心：人们如何看待现在生活的病态快节奏，决定了社会稳态是否即将到来。

接着，从 1848 年至今，许多经济学家又接二连三地开始担心其他的"不完善"之处，他们当中有许多是左翼人士（但也有许多是真正意义上的"自由主义者"，在此我们用"*"标出以示区分）。在他们哭哭啼啼、扭扭捏捏，建议国家对每一个不完善的地方采取一些激进措施时，被他们忽视了的创新主义推动实际工资不断上涨了 30 倍。经济学家们对"资本主义"抱持悲观态度的众多原因包括：

5. 贪婪，冲撞了基督徒。

6. 异化，令青年时代的马克思反感。

7. 工人们粗糙的消费品味令教士们反感。

8. 工人们的饮酒习惯，同样令人反感【所以才有了欧文·费雪（Irving Fisher）那样的清教徒式生活方式】。

9. 新兴工业【德国经济学家李斯特（List），美国经济学家凯里（Carey）提出要保护新兴工业】。

10. 国家经济史的独特性（德国历史学派）与"英国"经济学中假定的分析性平均主义背道而驰。

11. 工人缺乏议价能力。

12. 多种族不洁。

13. 妇女工作。

14. 少数民族移民。

15. 施行简单粗暴的优生优育方案，比如限制移民、强制绝育和最低薪资政策（由大多数美国经济学界人士在1910年左右倡导的），就可以把薪资竞争水平降到最低。

16. 新古典主义理论未得到充分进化【凡布伦，阿尔钦（Alchian）】。

17. 垄断和托拉斯【霍温坎普（Hovenkamp，1990）】。

18. 资本主义的最后阶段，帝国主义【列宁（Lenin），霍布森（Hobson）】。

19. 像劫匪一样的帝国主义【与 * 戴维斯（*Davis）和 * 哈利恩巴赫（*Huttenbach），1988对比】。

20. 如果缺乏监管，人们就会对食物掺假。

21. 凡布伦效应（Veblen effects）：需求曲线向上倾斜。

22. 失业【围绕贝弗里奇（Beveridge）在1909年的著作而出现的一个新词】。

23. 各自为政（该问题在20世纪20年代经由卡特尔垄断联盟提出的"合理化"措施得到解决）。

24. 市场的利己主义，这显然是很糟糕的，不像政府里的社会工程师，又聪明又优秀——现代经济学的主要假设。

25. 产业循环【最后提出这一问题的是熊彼特（Schumpeter）、*哈耶克和凯恩斯】。

26. 对收益递增行业的投资不足（与庇古的论断一致）。

27. 外部性：现代经济学主要假设的主要引理。

28. 英国的过度海外投资【与 * 埃德尔斯坦（*Edelstein，

1982）和 * 麦克洛斯基（*McCloskey，1980）对比】。

29. 消费不足（这点可追溯至马尔萨斯及其普遍过剩理论，后来的凯恩斯理论，以及当今的新凯恩斯学派和新凯恩斯主义者）。

30. 垄断性竞争。

31. 所有权与控制权分离【伯利（Berle）和米恩斯（Mears）】。

32. 缺乏计划（对比 * 米塞斯）。

33. 经济与社会深度挂钩，定价过于死板【卡尔·波兰尼（Karl Polanyi）】。

34. 政府定价市场是最近才有的，而且是可有可无的【卡尔·波兰尼，摩西·芬利（Moses Finley）】。

35. 战后停滞主义【凯恩斯，汉森（Hansen）】。

36. 投资溢出效应。

37. 不平衡的增长。

38. 资本不足【对比哈罗德–多马与索洛模型（Harrod/Domar/Solow models）与威廉·伊斯特利（William Easterly）和麦克洛斯基，2010】。

39. 商人不按边际成本或边际收入定价，而是按平均成本加价定价。

40. 掠夺性定价导致垄断。

41. 某些"行业"中的少数竞争者引发了价格与边际成本不等的情况。

42. 某些国家缺乏企业家文化，比如印度。

43. 双重劳动力市场【阿瑟·刘易斯（W. Arthur Lewis）】。

44. 成本推动型通货膨胀【奥托·埃克斯坦（Otto Eckstein）】。

45. 资本市场的不完善。

46. 寡头垄断。

47. 农民的非理性【对比＊西奥多·舒尔茨（＊Theodore Schultz）】。

48. 文化的非理性。

49. 经济行为有超越自身利益的动机。

50. 低层次陷阱，贫困的循环【阿瑟·刘易斯，冈纳·缪尔达尔（Gunnar Myrdal）】。

51. 囚徒困境【与＊埃莉诺·奥斯特（＊Elinor Ostrom）】。

52. 公共物品不能由私人提供【萨缪尔森，对比＊科斯（＊Coase），＊德姆塞茨】。

53. 未能界定产权（＊阿尔钦，＊德姆塞茨，＊科斯）。

54. 不完全契约【＊张五常，（＊Steven N. S. Cheung）】。

55. 过度捕捞【＊斯科特·戈登（＊H. Scott Gordon），1954；＊安东尼·斯科特（＊Anthony Scott）1955】。

56. 公地悲剧【哈丁（Garrett Hardin）】。

57. 人口过剩【哈丁的动机】。

58. 交易成本（＊科斯）。

59. 公共选择，涉及有自身利益目标的公职人员【＊布坎南（＊Buchanan），＊塔洛克（＊Tullock）】。

60. 规制俘虏【1965年国际商会关于加布里埃尔·科尔克（Gabriel Kolko）的案例；＊施蒂格勒（＊Stigler，1971）】。

61. 投机取巧【＊曼瑟·奥尔森（＊Mancur Olson，1965）】。

62. 机构僵化（＊曼瑟·奥尔森，1982）。

63. 缺失的市场【乔治·阿克尔洛夫（George Akerlof，1970）；约瑟夫·斯蒂格里茨，1984】。

64. 剑桥资本之争与资本的不确定性【皮耶罗·斯法拉（Piero Sraffa），琼·罗宾逊（Joan Robinson），杰弗里·哈克特（Geoffrey Harcourt）；见上文，李嘉图】。

65. 信息不对称（阿克尔洛夫）。

66. 作为优质垄断者的工会【对比＊格莱葛·刘易斯（＊H. Gregg Lewis, 1955—1980）】。

67. 对第三世界的剥削（见上文，帝国主义）。

68. 广告（加尔布雷思，1958）。

69. 公共投资不足（加尔布雷思，1958）。

70. 不对经济进行微调，我们就注定要失败。

71. 大规模建立经济计量模型是未来的方向。

72. 除非用数学公理来证明，否则"看不见的手"就只存在于魔法之中。

73. 在逻辑上能产生令人愉悦的"无形之手"的充分条件，在现实中是不切实际的（哈恩，阿罗，德布鲁）。

74. 脱离均衡的虚假交易下无法得出"供需相等是最优状态"的结论。

75. 任何不完善都会使经济分析陷入一个无望的次优世界【利普西（Lipsey）与兰开斯特，（Lancaster，1956）】。

76. 所有的政策论证，比如最低薪资政策的影响，都必须用一般均衡来表达，否则它们就是不确定的。

77. 大部分经济命题，比如向下倾斜的需求曲线，都只能用计量经济学的方法来证明。

78. 如果没有计量经济学，我们就得不到任何经验角度的证据。

79. 大多数计量经济学结果都存在严重的缺陷。

80. 中等收入陷阱。

81. 历史无关痛痒：重要的是未来。

82. 历史至关重要：重要的是过去。

83. 路径依赖【布莱恩·亚瑟（Brian Arthur，1994）；保罗·大卫（Paul David，1985）】。

84. 经济是一个充满着混乱与灾难的复杂系统（亚瑟，1994）。

85. 考虑到工人合作社总是比公司或是独资企业好，所以这种形式的组织数量极少是件很可悲的事。

86. 缺乏国际竞争力【迈克尔·波特（Michael Porter，1990）】。

87. 消费主义（见上文，工人们粗糙的品味；广告）。

88. 消费的外部性【弗雷德·赫西，罗伯特·弗兰克（Fred Hirsch, Robert Frank）】。

89. 过劳【斯格尔（Schor，1993）】。

90. 产品市场中的菜单成本导致失业和效率低下（新凯恩斯学派的新古典主义）。

91. 知识的机会成本是零，但它的生产成本却很高【*保罗·罗默（*Paul Romer）】。

92. 非理性（行为经济学）。

93. 非理性的企业家【熊彼特、凯恩斯、阿尔克洛夫与席勒

（Schiller）】。

94. 双曲贴现。

95. 大而不倒。

96. 环境恶化。

97. 经济学缺乏对性别的考虑【朱莉·奈尔森（Julie Nelson）】。

98. 护理人员薪资过低【南希·弗波莱（Nancy Folbre）】。

99. 国内生产总值是衡量一切重要事物的糟糕指标（斯蒂格里茨及其他经济学家）。

100. 因价格受到不公正的收入分配的影响，故它无法为公正社会的政策建议提供助力。

101. 收益与人及社会福祉相悖。

102. 首席执行官的薪资过高。

103. 不人为地提供高薪资，就无法创造性地节省人力【卡尔多（Kaldor），哈巴库克（Habakkuk），罗伯特·艾伦（Robert Allen），罗伯特·赖克（Robert Reich）】。

104. 政府的创新成果最多（马祖卡托）。

105. 任何不完善的出现，比如罕见病用药，都表明资本主义拙于平衡各方利益，即便这种不完善实际上是由政府所造成的。

106. 新自由主义使全世界的人陷入贫困。

107. 新停滞主义【考恩（Cowen，2011，2014）；戈登，2016】。

108. 不平等的快速加剧【托马斯·皮凯蒂（Thomas Piketty）】。

1848 年后，每隔 19 个月左右，经济学家就能从经济中找出一个新的灾难性的"不完善"之处。我认为，这份"不完善"清单中的所有条目，都缺乏对其所产生的经济影响的认真测量，这些才是经济科学界真正的灾难。

托马斯·皮凯蒂在其著作《21 世纪资本论》(*Capital in the Twenty First Century*，法语版于 2010 年出版，英语版于 2014 年出版)中提出了对富人会更富的担忧，这表达的是左派(及一些自由学派者)对"资本主义"不完善的最新忧虑。你可以把清单中较晚期的项目，以及一些较早期的项目按照克鲁格曼的说法重新排列，再与诺贝尔经济学奖的获奖者对照起来看。我就不点名了【他们都是男性，其所采用的研究方法与 2009 年诺贝尔奖得主埃莉诺·奥斯特罗姆形成鲜明对比；尽管 2019 年的诺奖得主埃丝特·迪弗洛(Esther Duflo)又复用了这种方法】，但我可以在此透露一下获奖公式。首先，这些经济学家都发现或者重新发现了构建完全竞争或是完美世界的必要或充分条件(比如在皮凯蒂的案例中，更完美的状态应是收入平等，完美指的是人人收入均等，而无须考虑个人能力)。接着，他们都在缺乏证据的情况下盲目断言(在这方面皮凯蒂的做法比常规做法好得多)，但都用恰当的数学表达加以粉饰(同样他们在粉饰的时候也是束手束脚)，这种必要或充分条件可能无法完全按照他们的预期起效，世界也可能根本不会照着所谓完美的方式发展。毕竟，所谓的完美是一只仅在神话中可见的独角兽。接着，他们会言辞华丽地得出结论(不一样的是，皮凯蒂在此处采用的是常规的低科学标准)："资本主义"是注定要失败的，除非我们的专家学者利用国家强制力对垄断行为进行干预，对持有巨额财富的坏家伙们实施反垄断，为收益递减的行业提供补贴，为诚实至极的政府提供外援，对明显新生的行业实施保护，对可悲而又幼稚的消费者进行点拨，或者像皮凯蒂所说的，出其不意地对引发不平等的金融资本在全球范围内征收税收。

奇怪的是，从左翼观点看来，在这段挖掘"不完善"的历史当中，经济思想家们从不认为有必要提供证据，来证明国家的这种或那种拟干预政策可以按照预期奏效。他们也从不觉得需要提供证据来证明，那种必要或充分条件无法完全实现，而这种不完全的影响已经大到了会大幅降低经济总体表现的程度。同时，自1848 年以来，以前的那些穷人（当中可能就包括你我的祖先），他们的收入已经实现了爆炸式的增长。

正如可亲的保罗·萨缪尔森（印第安纳州加里市培养出了两个诺奖获得者，其中一个是保罗，另一个就是约瑟夫）的获奖门生约瑟夫·斯蒂格利茨所言："只要外部性存在，也就是说，只要一个人的行为对他人产生了影响，而他们又没有为此付出代价或没有得到补偿，市场就无法良好运转。但最近的研究表明，只要存在信息不完整或者风险市场不完善的问题，这种外部性就会普遍存在。"约瑟夫提到的"最新研究"中所表明的信息不完整的"普遍性"，以及风险市场的"不完善性"，都是停留在黑板上的"研究"。没有人给出过更好的标准来说明何为"无法良好运转"。也没有人做过测量，说明在明确的误差范围内，由不完善所导致的外部性到底有多"普遍"。没有任何关于这一切的证明。

这种短暂流行了一下但很少或从未经过测量的"不完善"，我们这里总结了有 108 个。它们通过罗马人所称的"复制法"（copia，比如这里大量未经测量就得名了的不完善之处）来说服年轻的经济学家：商业化验证改良的效果极差。年轻人相信了这一点，尽管所有的量化工具都能证明自 1800 年以来创新主义收效甚佳。课程刚开始时，这帮年轻人被灌输了一周左右的"供需相等的最优性"，也就是高高在上的福利经济学的第一及第二定理，在课程剩下的时间里，他们一直在学这 108 个不完善之处。他们天真地以为，如斯蒂格里茨、萨缪尔森或庇古这样的前辈一定发现了一些确定的事实，正是这些事实，带来了那些漂亮的图表和方程式。因此，当诸如克拉彭或者麦克洛斯基这样的老顽固型经济学家向他们要实际的科学证据时，他们才会变得气急败坏并且不屑一顾。

大多数科学研究都没有测量所谓不完善会带来多大的影响，但也有极少数例外，比如马克思主义者保罗·巴兰（Paul Baran）与保罗·斯威齐（Paul Sweezy）在 1966 年出版的《垄断资本》（*Monopoly Capital*）一书，这两个人在书中真正尝试了对美国经济的整体垄断程度进行测量（虽败犹荣）。诸如庇古、萨缪尔森和斯蒂格里茨这样聪明的经济学专家提出：之所以会出现上述清单上的大部分担忧以及与之对应的国家层面的解决方案，比如外部性显然是需要通过政府干预来缓解的（正如历史演替过程中所呈现给我们的；庇古，萨缪尔森，斯蒂格里茨），是因为，基于这样或那样的原因，国家经济的运转出现了严重失灵，因此，我们当然需要国家实施即时的、大规模的干预。经济学家们认为，不值得用科学的方法来论证这种失灵有多重要。

不同的是，诸如阿诺德·哈伯格、戈登·塔洛克（Gordon Tullock）、格雷格·刘易斯（H. Gregg Lewis）以及我本人这样的自由主义经济学家（再强调一遍，此处按照该词的国际定义理解）声称：经济的发展受到法律面前人人平等以及平等许可等观念的鼓舞，通过商业化验证改良，实际运行得相当好，有时人们确实会在经济活动中开展事实调查，或者至少会提出调查应该如何进行的建议。庇古、萨缪尔森、斯蒂格利茨和其他左派学者的表现，就像是一个天文学家依据一些定量假设提出太阳中的氢气很快就会耗尽【事实上开尔文勋爵（Lord Kelvin）的确这么说过，为了证明达尔文（Darwin）所说的进化需要漫长时间的观点是大错特错】，因此需要银河帝国的紧急干预，但后来他们又懒得用认真的观察、定量模拟以及应用数学的方法来说明这件惨事大概多久以后会发生。

经济学里的一个老例子，是罗伯特·索洛（Robert Solow）在20世纪50年代末提出的极富影响力的论断，即在稳定状态下，储蓄率对经济增速没有影响。尽管在索洛之后不久，日本经济学家佐藤隆子（Ryuko Sato）就通过计算得出了：要在储蓄率波动之后让经济重返90%的稳定状态，需要花费……一个世纪。但直到现在，增长理论家们仍在幻想所谓的稳定状态。大多数时候，你只需要在黑板上写下一个有关不完善的方向，就足以推导出一条经济理论，一如萨缪尔森在1941年提出的那条定性定理（斯托尔佩－萨缪尔森定理），然后，你只需要坐等瑞典学院在10月初的某个星期一打来电话，通知你获得了诺贝尔奖。

人们开始怀疑，大多数典型左派人士对创新主义的担忧自然是来自（可能也不太自然）工人阶级从这种"资本主义"的财富大爆炸中获得了巨大的回报，而这种担忧可能基于一种更深层的信念，即商业化验证改良是存在严重缺陷的。典型左派人士在 16 岁时产生了这种想法，当时他察觉到了邻居的贫穷，但还无法应用智力工具来理解这种贫穷的来源。我也曾依照过这样的模式，当过一段时间的琼·贝兹（Joan Baez）社会主义者，在吉他伴奏下演唱过工会歌曲。然后，当这个终生的"优秀社会民主主义者"（一如他对自己的描述，也是我对那段时间的自己的描述）开始成为一名经济学家时，为了支持他在不成熟之时就获取的根深蒂固的信念，他在想象的世界中举目四望，渴求寻找到能使这个信念成为现实的任何线索，但就是不从实际世界里寻找数据，来印证它们在经济界中具备多大的重要性。杰森·布里格曼（Jason Briggeman）通过对经济学家的调查，详尽地研究了一个例子，那就是：人们普遍认为食品药品监督管理局要求对药品进行"上市前的药效测试"是合理的。考虑到第二类错误的出现概率，我们需要检验原假设的正确性，但在布里格曼询问的经济学家中，包括优秀的肯尼斯·阿罗（Kenneth Arrow）在内，没有一个人能提供事实依据来证明这种政策可以确实提升消费者福利。这是善良的左派人士心中的乌托邦，他们说："这种富者愈富、强者愈强的可悲社会是能够被大幅改善的。我们可以做得更好！"这种乌托邦主义出自阶段理论的辩证逻辑，在 18 世纪的少数图书，比如《法律的精神》（*The Spirit of the Laws*）以及《国富论》（*The Wealth of Nations*）中，它被设想为一种对抗传统社会的工具。"当然，"左派人士无不愤怒地说道，"弗朗西斯·福山（Francis Fukuyama）——那个'保守派'——认为自由民主是'历史的终结'，这是错误的。精益求精！"

的确，真正的保守派，甚至是像福山和我这样如假包换的古典自由派，有时也会被指责为乌托邦主义。自由乌托邦主义有其特有的青少年气息，它在缺乏证据的前提下就断言我们所生活的世界已经是所有可能的世界中最好的一个。一些老牌奥地利学派经济学家，以及一些已经没有兴趣对其真理进行认真检验的芝加哥学派学者都是这么做的。然而，尽管经济学界出现了这样一门缺乏测量的货物崇拜伪科学，虽然责任是多个方面的，但是左派拒绝对其所厌恶的系统进行整体量化的做法似乎影响更广，也更危险。

我的一个关系很好而且极其聪明的马克思主义朋友对我说："我讨厌市场！"我回答他："但是杰克，你很喜欢在市场上淘古董家具。""我才不管呢。我讨厌市场！"像杰克这样的马克思主义者也会专门收藏自己的"经济学空盒"。他们先是担心普通欧洲劳工会受压迫，尽管他们对此并无证据；继而担心他们会被异化，尽管也没有证据；再接着担心外围的第三世界劳工会被剥削并使核心员工受益，同样没有证据。近来，马克思主义者（还包括社会上的大部分人，他们从小学起就被教育要敬畏森林）开始担忧环境问题——历史学家埃里克·霍布斯鲍姆（Eric Hobsbawm）带着某种偏见天然的厌恶，将这类担忧称为"一种更为中产阶级的方式"。我们等待着他们给出担忧的证据，以及处理这一问题的建议。如若不然，还不如让我们回到瓦尔登湖去过1854年的生活，或者干脆都自行了断，把世界让位给不那么邪恶的物种。

很久以前，我做过一个噩梦。我不太会被噩梦吓到，但这个梦很生动。那是一个经济学家的噩梦，一个萨缪尔森式的噩梦。我梦见，如果人类的每一个行动都必须完全以最优方式进行，那会是什么样子？要在条件受限的前提下实现效用最大化。马克斯·乌的例子准确地说明了这一点。换句话说，在条件受限的情况下，就连每次伸手去拿一杯咖啡或者走在人行道上的每一步，你都必须要准确地到达幸福之丘的顶峰。你一定会在这个任务中不断受挫，会因为害怕稍稍偏离最佳状态便屡屡僵住。经济学家们将对所谓"理性"的可怕愿景，表达在了非理性的噩梦之中。在"绝对完美不可能实现"这一认识的背后，是赫伯特·西蒙（Herbert Simon）的满意决策模型，罗纳德·科斯的交易成本理论，张五常的不完全契约理论，以及乔治·沙克尔（George Shackle）和伊斯雷尔·柯兹纳（Israel Kirzner）对棒球运动员、教练约吉·贝拉（Yogi Berra）明智论断的重申："预测是很难的，尤其是对未来。"

在 20 世纪 60 年代，我们这些年轻的美国经济学家和社会工程师一如婴儿一般天真无邪，确信自己能在华盛顿实现可预测的完美。我们将之称为"微调"。它失败了，因为绝对的完美是不可能实现的。它是一只独角兽。约翰·穆勒所说的"相当好"需要一些建立在事实基础上的评估，它可能是在盖瑞森·凯勒（Garrison Keillor）想象中的明尼苏达州沃布冈湖，在那里，经济离最优状态并不很远，商业广告中的拉尔夫"相当好杂货店"呈现出一种滑稽的、斯堪的纳维亚式的状态（如果你在拉尔夫家找不到一种商品，那你可能根本不需要这种商品）。又或者，我们基于事实评估可以得出结论，实际上的经济状况离最优状态很远：实际经验结果有时令人恼火，因为它们与人们意识所想大相径庭。

穆勒和我认为，虽然在欧洲或其分支，以及现在一些效仿它们的东方国家内，创新主义和民主的存在方式不尽完美，但它们带来的效果是相当好的。或者它们的效果可能是相当好的。事实上，除非我们对设想中的不完美距离完美的数值做出确切的评估，否则我们不可能知道真正的答案。穆勒和我还认为，国会行为及美国收入配平未能达到完美状态，但这不足以对本国政体或经济发展产生巨大影响。毕竟，相比远在 1800 年的祖先，现如今我们在法律上更为自由，在经济上也更加富足了。我说过，"财富大爆炸"的现象是一个强有力的经验性验证，它证明了我们应该对民主和商业化验证改良持乐观态度。或者你会说，我们不该这么做。但作为一个科学家，你应该提供反向的证据来加以说明，而不是高高在上地讥讽他人。

* * *

不完善之处越来越多的结果是，年轻经济学家认为他们不必研究经济思想史，或者说不必研究阿尔钦、施蒂格勒或是张五常等经济学家所说的"价格理论"，甚至不需要理解 1848 年的政治经济学家是如何解读商业化验证改良的运作模式的。

你可能会在这一点上挑战我。当然，能够掌握马斯克莱尔（Mas-Colle）- 温斯顿（Winston）- 格林（Green）魔鬼课程的经济学家，自然也能懂密尔、马歇尔和弗里德曼所懂的那些事。但是，很可惜，他们不懂。基于存在与否问题的抽象性和那一长串的不完善之处，年轻的经济学家，以及许多年长的经济学家，在还没理解经济学之前，就急于出版马克斯·乌和工具变量研究的精装本了。他们并不懂得 1848 年的智慧。因此，他们也不具备批判它的能力。

左翼人士并不理解他们在批判什么，托马斯·皮凯蒂在《21世纪资本论》英译本第 6 页的底部对日益严重的稀缺性会促使供应方做出反应这一论断所做的拙劣解释，就是一个令人震惊的例子。如果你不懂稀缺性的增加会吸引新成员加入一个行业，就不会懂 1848 年的市场经济。很多经济学家——正是因为他们急于追求更高的技术，比如剩余价值的核算或是竞争均衡的存在——所以才不懂那些不太高的技术。比如，他们不懂国际收支平衡无足轻重，不懂国民收支相等，不懂贸易对双方都有利【因此，特朗普（Trump）的顾问彼得·纳瓦罗（Peter Navarro）在方方面面的观点都有偏颇】。或者说，他们也不懂短缺会促使供应方做出反应（因此皮凯蒂并不懂他在批判什么）。

我做过许多面向善意的并且受过良好教育的非专业人士的讲座，他们当中有许多人都上过一两门理论经济学的课程。我给许多没有获得经济学博士学位的善良学者写过书评，比如罗伯特·赖克（Robert Reich）和迈克尔·桑德尔（Michael Sandel）。我也与托马斯·皮凯蒂和玛丽安娜·马祖卡托这样的善心经济学博士进行了大量的学术研讨。但这些优秀的人对初级经济学都没有丝毫的了解。

事实是令人惊讶和沮丧的。当我提出一些基本观点，比如利润引导投资，价格受供需影响，或者大规模的免费午餐并不常有时，我的听众通常会很讶异、不解、惊奇，并且经常感到生气、愤慨、不屑一顾。这就像是一个数学家指出了质数是无界的，随之而来的是听众的错愕与轻视。或者一名考古学家指出所有的智人都曾生活在非洲并且拥有黑色的皮肤，然后听众们表现出了惊讶与蔑视。

有些东西出了问题。我曾经说过，这似乎是因为我们在经济学课程内外都向人们灌输了太多未经测量的所谓"不完善之处"，然后，这些不完善就蔓延到了有关经济的公共议题之中。

第四章

历史经济学可以测量"不完善"，证明它们微不足道

该怎么做呢？

答案是：遵循物理学、地质学或历史学的科学标准，如果没有经验事实可以证明所谓的好影响或者坏影响具备量化层面的重要性，就不要堆砌所谓市场或者一般市场的不完善之处，或是从相反的角度断言市场就是完美无缺的。身为经济学家，他们至少应该指出好影响和坏影响在量上对所涉特定市场有多大的影响，最好是能在整体经济环境中真正开展相关的科学计算。只有这样，他才有充分的理由认为应该强制执行政府政策（或者在另一种情况下不执行）。不要只是假设政府又明智又诚实，而是应该指明政府有多大的能力提供实际帮助。这才是科学。

我来举一个有关经济学空盒的例子——在上面的不完善清单中的第 17 条，也就是所谓的企业垄断的普遍性，尤其是这种垄断性还在日益增加。许多经济学家，以及更多的普罗大众认为，自 1800 年、1900 年、1950 年或者其他年份以来，垄断的力量始终在稳步扩大。他们看到任何像谷歌和 Facebook（2021 年 10 月

28 日更名为"Meta")这样的大公司，就会不合逻辑地得出判断：该公司肯定是个垄断企业。他们见到市场高份额，也会同样缺乏逻辑地下结论：这种垄断一定是长久性的、破坏性的，根本不会有竞争对手进入市场并对这些巨头造成威胁，因此，我们有理由立刻应用反托拉斯和其他手段来取缔垄断。

对私人垄断扩散史的信念支撑了这 108 条不完善清单中的许多条目，比如在 1910 年，倘若不加监管，肉类包装企业的垄断就会导致食物掺假；20 世纪 20 年代的各自为政（考虑到工团主义，至少这是有机会发生的）；我的老师爱德华·张伯伦（Edward Chamberlain）在 20 世纪 30 年代开展的有关垄断竞争的研究；我的另一位老师奥托·埃克斯坦在 20 世纪 50 年代所做的垄断行业内的成本推动性通货膨胀研究；20 世纪 70 年代，我的同事们在芝加哥大学提出的垄断企业存在规制俘获情况；加尔布雷思所说的广告以及计划报废；对首席执行官的超额偿付；据称由博弈论解决的寡头垄断；银行业的大而不倒；以及目前对所谓不断加剧的不平等的呼声。所有这些都被认为在一定程度上或是完全来源于垄断的激增。

我在此简要指出与之相反的芝加哥学派的路线——这一路线是以大量的经济史学证据为基础发展起来的，如果你关心的话，我非常赞同——该路线认为实际上政府本身就是持续垄断的主要根源。芝加哥学派的专家们指出，在没有政府干预的情况下，一些新的进入者——也就是供应链的反应机制——通常都很活跃，新的比尔·盖茨（Bill Gates）通常现在都在新车库里工作，以此颠覆旧的比尔·盖茨。有关上一句中"通常"二字的经验性证据从表征上看还是很有力的。例如，有强有力的证据可以证明，长期的垄断是由不断加码的国家强制专利及版权制度所造成的，这些垄断手段是威尼斯的统治精英们在几个世纪以前发明出来的（他们当中没有人支持自由主义竞争）。也请想一想，政府禁令、法规、许可证、腐败、专利制度及保护措施是如何在数十年间阻碍了无线电及相关技术的发展的。还有更多。

造就财富大爆炸（the Great Enrichment）现象的，终究还是对暂时主导技术的创造性破坏。例如，曾有一段时间，许多小地方的爆发都是建立在当地百货公司的垄断之上的，这是在 19 世纪末发明出来的一种零售业福利改善模式。马歇尔·菲尔德（Marshall Field）赋予芝加哥百货商店的座右铭是"给这位女士她想要的东西"（Give the lady what she wants.）。然而，依赖这一模式的购物中心在当地出现连锁店后就被合并了，这种模式也早已随之消逝，取而代之的盈利手段变成了超常规的租金。这一模式的消逝对大家都好，因为它产出了贫富之间真正舒适的平等，而那才是现代社会应具备的特征。诺贝尔奖获得者威廉·诺德豪斯（William Nordhaus）曾做过计算，在近代，一项发明所能产出的社会价值中仅有 2% 由原始发明者所保留，剩余部分都在流入社会的过程中传递给了消费者。对你，对我，都是如此。

但是，芝加哥学派的路线不是我要在这表达的主要观点。我的观点是要通过一个简单的经验性验证来说明垄断对经济总体有多重要【通过一个标准来验证，这个标准可以用埃奇沃思（Edgeworth）在 1881 年提出的核心理论来证明】。它必须涉及如下追问：在 1800 年，有多少个竞争性供应商可以给普通消费者提供产品？根据消费者预算中各项目的重要性进行加权的话，现在又有多少？同样地，在 1800 年和现在，有多少竞争性劳动力需求者可以给普通工人提供雇佣服务？换句话说，存在多少个买卖联盟（这里使用了核心理论中的专业术语，区别于博弈论，请注意）？它们的规模有多大？

我认为这很明显（如果有人反驳我，我想要听听他们反驳的理由），自 1800 年、1900 年、1950 年，或者你可以从过去两个世纪里任意指定一个日子，此后，这类供应商或需求方的数量都大大增加了。对于处在两个可选的供应商或需求方之间的大量用户来说，尤为如此。也就是说，垄断 / 买方垄断已经大大减少，而不是增加了。事实上，相比 1800 年、1900 年或 1950 年，现在的经济更接近于一个相当好的竞争性经济状态。换句话说，我们现在更接近帕累托最优[1] 了，这与自 1848 年以来，经济学家就在想象中苦心堆砌的那些不完美所带给我们的误导是截然不同的。现在，我们更接近穆勒与我在经济中看到的那种"相当好"的状态了——一如通过改善教育、在更广范围内实施多数投票法以及瓦解社会等级制度，我们的政体离理想中的自由主义也更近了。

垄断减少的核心原因当然是运输 / 交易成本的下降。在 1800年，即便是在以当时的低标准来看算是相当富裕的国家，如荷兰或者英国——也只有很少的供应商能给普通消费者提供面包，或者只有很少的供应商能够提供用以制作面包的面粉和酵母。面包

---

1. 帕累托最优：也称帕累托效率。是指资源分配的一种理想状态，在群体和可分配资源不变的情况下，不使任何人情况变坏且使至少一个人情况变好的状态称为帕累托最优。——编者注（以下无特殊说明皆为编者注。）

店的女店主无法轻松穿过小镇，来到泽德克，找到一个更便宜的供应商，再利用对方与本地面包垄断商之间的价格差来大赚一笔。基于同样的原因，她的丈夫也不能冒险去到下一个小镇，因此他也只能继续为当地的椅子制造商卖命，以赚得一份微薄的薪水。这是一个简单的运输／交易成本问题。

在更大范围内，比如说一个人要到美国、阿根廷或者澳大利亚的边界定居——或者无论如何他都要逃离欧洲大部分地区的那种低土地比／低劳动比的状态——在过去，他必须要在船上度过好几个月无业的生活，接着忍受几周在家中工作但必须节衣缩食的日子，即便当时的蒸汽机技术已经得到了大幅改进，他也必须有一个乘船的机会。这就是移民们要前往新大陆的原因。只要他们不是罪犯或者奴隶，通常情况下，他们都会比留守在家乡的同胞要稍稍富裕一点儿，因为留下来的人要忍饥挨饿。而现如今，即便是在一个贫穷的国家，前往美国的机票也只需要耗费夫妻二人数周的工资，飞行的时长也只有几个小时，不像过去需要几周时间。

在那些不堪回首的旧时代里，欧洲人确实被困住了。诚然，1800 年的困顿并不像中世纪那么难以忍受（顺便一提，即便是在1800 年，或者是在欧洲处于中世纪的时候，中国人过得也不算差）。但是，他们还是被困住了。出于昂贵的运输成本、国家对垄断的支持，以及由农奴身份、行会制度和关税等问题所引发的高额交易成本，他们并不总能获得一个有竞争力的报价，继而参与到当地商品和劳工的买卖之中。

我并不是说中世纪的欧洲没有发生过跨地区贸易。相反地，即便是在深受关税、山脉及行会制度困扰，战乱不断发生并且战况激烈的欧洲，各地区的边际买家和卖家也展开了充分的竞争，并通过套利的形式促使许多商品、服务、劳动力以及资本的价格逐渐逼近其他地区的水平。从中世纪到现代早期，小麦甚至是劳动力的套利模式都有了很大的改善。亚当·斯密对这一点的肯定是他（为数不多的）独创性分析贡献之一，他用自己特有的方法，即通过慎重的事实观察来印证了自己的观点。但我确实想说，在过去的日子里，在可以被称为黄金输送点的边缘地带，按照近代的标准来说，许多消费者和劳工几乎是没有选择余地的。考虑到转卖货物及劳工的高交易成本，人们所面向的供应商或需求方总有能力寻求对自己有利的贸易条件。正因如此，才产生了垄断、买方垄断。

我还认为，自 1800 年以来问世的一长串降低运输和交通成本的创新成果，已经从根本上削弱了垄断组织的垄断能力。想想看（我邀请大家提供量化的建议或驳斥，这些可以组织成一片非常有用的博士论文）：18 世纪及 19 世纪初期不断增多的税收关卡【克莱因（Klein）和菲尔丁（Fielding），1992；克莱因和马耶夫斯基（Majewski n.d.）；以及其他科学家】；非政府修建的地方道路的增加（道路，19 世纪得到修缮；在瑞典仍然很常见），麦克亚当（McAdam）在城镇之间铺设的金属道路，以及可沿这些道路行驶的马车【可见于查尔·狄金斯（Charles Dickens）的小说】；河流及港口的改良；漕运【尤以荷兰为甚，正如简·德·福瑞斯（Erie Canal）所述，后来英国和美国也有，特别是伊利运河】；行会的倒闭，比如拿破仑（Napoleon）的政府军【见于奥格尔维（Ogilvie），2019】；地方关税制度的瓦解，比如莱茵河这里的，也是拿破仑所为；城镇道路的铺设；城镇气体照明；城内外的公路治安管理（西欧的路霸消失了）；电报的发明，使即时报价成为可能；西部河流上的汽船【见马克·吐温（Mark Twain），《密西西比河上的生活》（*Life on the Mississippi*），1883】；首要的是铁路，普及到了英国的每个大村庄和美国的每个大城镇；速度更快的帆船，比如中国快船，最终采用的是钢质船身；蒸汽船，链接全球各大市场，带来客运班轮的出现及跨大西洋船票价格的急速下降；解放农奴、仆人和奴隶，允许人员流动及交易（契约奴役制在19世纪以前世实际上成为一种通过资金流转帮助劳动力自由流动的方式；奴隶解放当然要受到吉姆·克罗法案或种族隔离制度等的限制）；妇女的解放，以及妇女自由流动的允许；有轨电车的出现，最初是由马匹拉动的，后来出现了由蒸汽设备拉动的缆车（19世纪80年代的芝加哥拥有当时全世界最长的缆车网络）；接着是电动手推车，它的出现催生了当时价格非常划算的"好商佳"百货商店【参见左拉（Zola），《妇女乐园》（*The Ladies' Paradise*），1883】；特别是自行车，起初是绅士们的奢侈玩具，后来却为劳动人民在路况良好的城市道路上所用，并最终因此而打破了垄断及买方垄断；值得信赖的铁路邮政服务（我的曾祖父曾在从印第安纳波利斯到芝加哥的路上分拣邮件）；接着是邮购公司，如美国的蒙哥马利·沃德百货公司（Montgomery Ward）和西尔斯·罗巴克（Sears Roebuck）；地铁，首先是蒸汽地铁，然后是电动地铁（1890年，伦敦）；电话，起初也是富人们的玩具，后来成为一种无处不在的交易及信息传递工具；最重要的是汽车，起初它也是有钱人的玩具，但到了后来，连斯坦贝克（Steinbeck）《愤怒的葡萄》（*The Grapes of Wrath*）中的乔德（Joad）一家都能乘坐汽车逃离饥荒了；自助式杂货店，1916 年出现于孟菲斯；卡车，降低了运输成本，并最终成为铁路的竞争对手；造好路运动（Good Roads Movement），人们甚至要求在城镇外铺设土路，例如从芝加哥到洛杉矶的 66 号公路，该公路的铺设最终使卡车能以廉价的费用运送货物，甚至包括新宰的牛；20 世纪 20 年代的分期购买（奥尔尼，1991）；"二战"后出现的西尔斯·罗巴克的实体店；广为流传的活期存款账户制度，最终为妇女所用；禁止妇女从业的性别限制被打破（"二战"后国家许可开放的行业及岗位大量增加，抵消了这一限制）；州际公路系统的建立，这一点得益于政府（一个令人耳目一新的变化）；超级市场的出现，汽车作为交通工具被大量使用促成了这一点；美国的每个城镇外围都出现了商业街，因此与市中心的商业系统形成了竞争关系，在大多数欧洲城镇，这一创新举措因受到有利益相关的区域阻挠而中止；以百货公司为主体的购物中心的出现，在欧洲也被告诫为是地主的阴谋诡计而被抵制了很长时间；信用卡的普及；由世贸组织主导的关税下降，全球市场因此而变得统一，比如汽车市场；最后产生的常规航空运输业；航空、卡车及铁路运输业的管制松绑；由于对犹太人等的歧视（对黑人的歧视仍在继续）所导致的非竞争集团的瓦解；全球范围内的政府邮政业及电话垄断的崩盘；零售业限制的放开，比如那些禁止在夜晚或者星期天交易的限制，同样，这些在欧洲也是逐步发生的；转售价格维持政策及其他大萧条时期限制竞争计划的终结；折扣店的出现，比如沃尔玛；其他教育信息的低成本传输方式，尤其是互联网、手机；美国商户点评网站 Yelp 及其他互联网信誉调查形式的出现；再接下来就是亚马逊公司重新定义了邮购方式。

换句话说，似乎自 1800 年、1900 年或者随便哪个年代起，基于多种供求来源的商业竞争已经大幅增加了，而垄断者（也就是左派打着哆嗦所说的"国际公司"）的权利则已经下降了。在 20 世纪 50 年代，美国人都会说本国有"三个半"的汽车供应商，也就是福特、克莱斯勒、通用汽车以及美国汽车公司。之后，进口汽车关税削减，美国对日产车实施过渡性配额措施，因而使汽车行业的工人们变得富裕，用以交换的条件是：底特律每保住 20 000 美元的工作，就可以把 200 000 美元的汽车售价转嫁到买家身上。如今的美国消费者可用的汽车供应商是以往的四倍或者更多，比如丰田、通用、大众、现代、福特、日产、菲亚特 – 克莱斯勒、本田、铃木、东风雪铁龙集团、雷诺、宝马、上汽、戴姆勒、马自达、东风、三菱、长安、印度塔塔以及其他。现在我们有更多，而不是更少的理由可以期望，通过政治经济学家在 1848 年之前就意识到了的那种方式，商业化验证改良可以发挥其作用，并促成资产阶级交易的完成：让资产阶级，比如汽车制造商去尝试改进，获取利润，保证自由准入制度的执行，从长远看来，资产阶级是带领人们走向富裕的一条路径。

从科学的角度来看这一问题：如果垄断是"不完善清单"当中的典型条目——正如我所说，垄断是许多其他项目的基础——那么这份清单在科学上是缺乏说服力的。事实上，我们有很好的经济学及历史学的证据，可以说明反对垄断重要性的事例并非个案。通过教育普及、汽车行业的比较购物、电话的发明、手机的发明以及现在的 Yelp 公司的问世和其他类似创新性事物的出现，信息不对称，比如阿克尔洛夫提到的次品问题，已经有所缓解了。也就是说，我们有充分的理由认为信息不对称的问题正在逐渐减少——请注意，无论是就整个经济而言，还是就经济发展是否接近于新古典主义所说的那种"相当好"的供求关系状态而言，又或是基于其创造力而产出财富大爆炸现象的能力而言，无论从哪个角度来说，都不存在任何科学证据证明信息不对称从一开始就是一个大问题。最后一点是奥地利学派的主要观点：信息不对称并非一种缺陷，它只是创新主义的一个特征。恰恰相反，正是信息不对称及其所带来的不均衡导致了创新。詹姆斯·瓦特（James Watt）知道，或者假设他知道，单独设置一个冷凝装置可以提高蒸汽机的效率。而其他的人不知道。结果：瓦特发明了蒸汽机，获得了自己的垄断专利，之后，蒸汽时代应运而生。

我已经说过了，这份不完善清单上的内容，没有一条是经过了经验验证的。我等待着有人用实际验证来反驳我的论点，但就现有的经验研究看来，尤其是经济史学家的研究，我认为下述主张具有实际的真实性。自 1800 年以来，如果我们关注的是建立在实际舒适度上的平等，而不是对利莉亚娜·贝当古（Liliane-Bettencourt）最不起眼的一个珠宝盒，那么不平等的程度应该说是下降了，而不是上升了。对侵略国来说，施行帝国主义政策是无利可图的，无论金戈铁马的成就感多么令人满足，也无论它们实际上对受害者带来了多少破坏。失业与政府干预相关，比如政府对薪资谈判的介入，同时它也是由市场经济的固有缺陷所导致的。停滞主义受到所有第二代经济学家的拥护，但却得不到第三代经济学家的认同。尽管非线性动力学对工程学专业人士很有吸引力，但在事实层面上它依然不算是典型的市场经济科学。如果经济学家提出的产业政策和其他中央计划都是好点子，那么他们就可以利用这些点子里的漏洞来谋取私利，而中央计划经济会取得巨大的成功，而不是面临惨痛的失败。消费者是非理性的，不代表市场也是非理性的。中等收入陷阱混淆了绝对优势和比较优势。如果广告真有魔力，它就不会只占国民收入的2%了，这2%中的大部分还是信息化收入，而且还是针对专业人士的。如果投机取巧的现象无法得到解决，我们就会发动一场所有人对所有人的战争，人类生活也会变得孤独、贫穷、肮脏、野蛮并且短暂，但自从1800年以来，这种情况实际上越来越少了。人口过剩的情况并没有发生。石油峰值也没有出现。中国和印度已经打破了恶性的而且据说是牢不可破的贫困怪圈。国外援助并未拯救世上的穷人，只是让精英们富了起来，并为致贫项目提供了资金。通货膨胀无处不在，它是一种永恒存在的货币现象，不这样想就是把相对价格与绝对价格混为一谈。资本积累不是商业化验证改良的原因，而是其结果。垄断性竞争假定供应商之间互不依存，但很显然它们可以并且应该相互依存。移民并不是更低劣的物种。全球变暖是一个危机，但不属于存在危机。土地所有者并未侵吞社会产品，垄断资本家们，会被运输及交易成本更低的新进入者扫地出局。

* * *

简而言之，以 A′、C′ 的形式断言不完善是否存在，这确实很有意思，但它还是属于科学谬误。我们需要拂去尘土，然后用当代出色的测量能力去验证 1848 年那个不太严肃的先验知识，并借此重回描述性科学领域——事实上，如果（科学声望低的）应用经济学家要为王子建言，那么迫于压力他将不得不这样做。理查德·费曼在 1965 年宣称"无论你（对科学规律）的猜测有多漂亮，都不会带来任何差别。无论你有多么聪明，也不会带来任何差别……只要它与实验（或观察）的结果相左，它就是错的……猜测、计算结果，以及与实验（和观察）结果的对比就是科学的全部内容。"请注意这里提到的："计算结果。"结果数值是多大？重要性又有几何呢？

我猜测，这样一门科学终将读出不容置疑的大规模财富增值现象的要义：我们已经做得很好了，自由市场经济很大程度上是自负盈亏的，对于像你我的祖先这样的穷人来说，它是非常友好的，尤其是在它召唤出了普通大众，允许并且鼓励他们在自由主义价值观的引领下去大胆尝试的时候。尽管自 1848 年以来，经济学家们满怀信心地在脑中构建了一百多个不完善的地方，但总的来说，这些构想仍然只是积压在图书馆里的一堆构想，并没什么实际的内容，而商业化验证改良，依然是对大部分经济增长现象的最好注解。

在与这些经济学空盒一同虚度了近一个半世纪的时光之后，现在，是时候回归到严肃科学中来了。

第五章

传统实证主义的最大弱点是缺乏伦理考量及实际测量

让我举一个更具体的小例子，来说明科学主义的进展到底有多糟糕吧。商业导师沃纳·艾哈德（Werner H. Erhard，他是 EST 运动的创始人）和实证主义金融大师迈克尔·詹森（Michael C. Jensen）曾在 2017 年发表的一篇论文中展露过自己令人钦佩的雄心壮志。但文中存在三个相关的错误，它们合并起来就构成了一个在伦理和科学性上都存在严重问题的科研成果。这些错误并不是艾哈德与詹森特有的，但它们在其论文中表现得特别突出，甚至糟过了普通萨缪尔森经济学，不过，我们可以用这些错误来证明科学主义的进展到底有多糟糕。如果我们经济学家能认真对待伦理与科学问题，就应该停止继续在伦理学、认识论哲学以及定量科学领域犯下严重错误。

首先来说说伦理上的弊端。艾哈德与詹森认为，经济学或任意科学，更不用说是任意一门社会科学了，都可以在不受伦理制约的情况下就做出或好或坏的判断。他们认为自己是在避开伦理，"在不受任何规范约束的情况下"一心向善。

你可以看到，这种方案有一些奇怪之处。这种奇怪之处来源于经济学家们在研究生院里学习的伦理学与认识论，他们当中有些人从那时候起就一直沉浸在这份怪异之中。艾哈德与詹森使用的是"实证"的词汇，而不是"规范"的词汇，"规范"是一种窄化了的伦理理论，典型的经济学家将之奉为哲学领域的神祇。如其所述："因为在当前的经济思维中，'诚信'（integrity）会自动展现出一种规范化的气质，所以大部分经济学家会毫不犹豫地将其摒弃。"在社会学的角度上，这当然是对的。这种摒弃属于新芝加哥学派 / 初级中学的信条，伴随着 20 世纪 70 年代的缓慢来临，它得到了越来越多的狂热追捧。

但是，对实证—规范的区分来自一种（无可非议的）过时的伦理与科学哲学。20 世纪初实证主义的一个核心信条是："好"与"坏"只是一种观点，一种"说教"（此处对说教采取的是一种反教态度）。它被称为"爽 – 呸"伦理学（"hurrah-boo" theory），或者情感主义（emotivism）。在 20 世纪，有许多人都信奉情感主义，他们当中有一些是受了逻辑实证主义的影响，更多的人是受宗教信仰丧失的影响，而大多数人似乎（从视觉、文学及音乐艺术领域的平行证据来看）都是因为在大战及其后续的恐慌中变得绝望以及愤世嫉俗了。它是"一种学说，该学说认为所有的评价性判断，更具体地说，是所有的道德判断'一无是处'，不过是对于偏好的表达。"或者就像托马斯·霍布斯所言，事实上，早在此前很久他就是情感主义的忠实拥趸，他在 1651 年写道："人们以善恶之名，彰显好恶之道。"（情感主义，我们观察它，将其当作一种应该予以信奉的学说，这当然是自相矛盾的，因为反对说教的说教本身就是一种说教。但是逻辑自洽并非逻辑实证主义的拿手好戏，它也不是那些放弃了宗教信仰的绝望之徒的强项。）

本科生和他们的许多教授在被问及伦理问题时都会不知所措并借故傻笑。他们觉得这类问题主要与性相关——这得感谢20世纪末的原教旨主义者们——或与未经论证的权威观点有关，比如巴尔的摩的教义问答以及执行它的修女们，或者党派的路线以及执行它的干部们。

人们同意不再争辩欧洲宗教战争是否该停下来，这一点从对于这一战争的小心翼翼的表达以及一些惯用语汇中可以看出："这只是一个观点问题。""礼貌的对话中不应出现宗教话题。""如果我们在目的上存在分歧，那就是一种以你血对抗我血的问题。""党派的思想是什么？""要协调不同的规范性价值判断，唯一方法就是开展政治选举或者在路障上端枪扫射。"依照情感主义理论的观点，谁要是做道德声明，谁就相当于是在发表毫无意义的胡言乱语。真可耻。这就是艾哈德与詹森为何如此自豪，认为自己已经"不受任何规范约束"了。

然而，科学或商业中是不能没有伦理的，这是我们需要自己去想清楚的问题，也是艾哈德和詹森需要想清楚的问题。因此，他们绞尽脑汁所理论化出来的"模型"也必须要悄悄潜入伦理学的领域。这是必然的。在艾哈德与詹森所追求的商业与科学之中，倘若没有一些关于"善"的概念，是无法得到"好"的结果的。

要往前走，我们就必须认识到大多数科学问题既是实证的又是规范的。所以，我们要以更严肃的哲学眼光来看待"规范"。

事实与价值仅在高水平，并且大多在无用的情形下才会显出区别。的确，事实就像石头一样，停在那儿一动不动。但是，要捡起哪一块石头，这是一个规范性的、定性的、人文理论化的问题，正如爱因斯坦（Einstein）1926 年在柏林的一次演讲中所说："你能不能观察到一个东西，取决于你所使用的理论。理论决定了你能观察到什么东西。"而且，确实，人的价值观不同于石头（正如巴特·威尔逊所论证的，许多价值观都存在于语言之外，而不在我们的头脑之中）。但是，我们大部分人的人生中都会出现这样的场景：捡起一块石头，我们可以，用它砸向我们所厌恶的某位领导人，或是利用一些科学程序去检测它的铁含量，再不然高高兴兴地把它放到花园小道上。丹麦物理学家尼尔斯·玻尔（Niels Bohr）在 1927 年说："认为物理学的任务是发现自然界如何运行，这是一种错误的想法。物理学关心的是人可以如何描述自然界。"人，描述，用文字，这涉及哲学、伦理分析以及伦理意图范畴。德国诗人罗斯·艾斯兰德（Rose Äuslander）曾在诗中写道：

太初有字

字与神同在

神创造了字

我们活在字里

字是我们的梦想

而梦是我们的生活

　　我们在隐喻、故事、模型及历史中构想着万物的类别，并用它们来创造我们的生活，尤其是科学生活。这就是伦理的作用。

　　考虑一些例子，比如那个除了经济学家之外几乎没人相信的论断：自由贸易是好事。我想，艾哈德，当然还有像詹森和我这样的经济学者都相信这件事。当处于高度帕累托最优状态时，我们可以在黑板上标注出效率，画出契约曲线[1]。当事实搜集的水平很高时，我们可以在报纸上注意到不同人购买同一物品的价格不同，此时可能处于也可能不处于帕累托均衡状态（"不均衡"的这种状态在某种程度上只是我们假定与想象出来的）。在海萨尼（Harsanyi）、布坎南、塔洛克和罗尔斯（Rawls）风格的高水平伦理哲学中，我们可以否认贸易输家实际损失的相关性，或者回到卡尔多－希克斯（Kaldor-Hicks）缺乏论证实据的标准上去（这里的"输家"同样基于某种我们假定与想象出来的标准）。但是，为了加强对"自由贸易是好事"这一论点的确信，让经济学家具备实践层面的专业性，我们需要在一个层次较低、较不纯粹的角度上杂糅着考虑事实与价值。这是必然的。

　　当然，"现行的金融经济学范式需要转变"。尤其是，它需要抛弃反伦理的代理理论（Agency Theory）——迈克尔·詹森个人对该理论的采用同时受到了一定程度的赞扬与指责——而不是像本文中那样去重演它。这篇文章并未提及拉凯什·库拉纳（Rakesh Khurana，2007）关于商学院在詹森主义"实证"经济学

---

1. 契约曲线：又称效率曲线。两个消费者的边际替代率相等的点的轨迹，或者两个生产者的边际技术替代率相等的点的轨迹。

风潮下是如何罔顾伦理的细致历史研究。詹森早前倡导的代理理论带来了"贪婪有益"的伦理恶果，并且引致了经济灾难，但令人痛心的是，几十年过去了，他没有从中得到教训，其阅读与思考水平并无长进。

当然，诚信是一种生产要素。在我们自己的科学中肯定是这样的，正如最近乔治·迪马蒂诺和我在我们编辑的《牛津职业经济伦理手册》（*Oxford Handbook on Professional Economic Ethics, DeMartino and McCloskey*, 2016）中通过正反两面的例子所详细说明的那样。我们对于科学诚信及商业诚信的每一个假设，尽管不甚完美，但对任何一个社会群体来说，它们都是必不可少的，比如，对于科学家群体。它并不像艾哈德和詹森所说的那样"在此之前被隐藏起来了"——尽管在艾哈德和詹森看来它确实被隐藏起来了。任何对历史、社会或经济稍有了解的人都知道，诚信是核心。说到这点，所有读过小说或者戏剧的人，也应该知道这件事。任何在经济领域略有见识的人都知道，伦理与专业精神是被绑定在诚信之中的，它们是经济科学研究的核心。

艾哈德和詹森说他们"借鉴了其他学科的见解"。这是好事，实际上它受到了经济学家自由贸易学说的暗示。但是，要借鉴，他们就得真正地去阅读其他学科的资料。比如说真正的贸易学。我们几乎无从证明他们确实这么做了。就拿与思考"善"的问题高度相关的伦理哲学来说，他们对此毫无概念，因为他们并没投入一定的精力去阅读这个学科的任何内容，至少没有以学生实际求学的谦卑态度去阅读。比如，他们依赖字典中对于"诚信"的首句定义，尽管他们天真地声称这个资料没有价值，但实际上它也是伦理哲学的微小组成部分（虽然把它称为哲学还是有点牵强，但是他们这种引用手头字典的第一条解释来描述"诚信"的做法，还是一种初中生水平的修辞点缀）。要理解这个词语的实际哲学含义，艾哈德和詹森需要阅读亚里士多德的《尼各马可伦理学》（*Nichomachean Ethics*），就像是成熟的学生一头扎进硕大的图书馆，去研究"目的"一词是如何从 telos 发展到 end，再到 purpose 的，只有这样，他们才算是"做了所有能做的"。但他们没有。而且，无论如何，即便不去理会那些令人厌烦的阅读作业，人们也可以看到，他们所使用的短语"言而有信"中包含"信"字，那么，它当然也涉及伦理价值。

我不明白为什么有人会觉得他们可以在没有读过任何伦理哲学，或者说在从未对生活或是虚构文学作品加以思考的情况下就去自信满满地谈论伦理。但是，很多人就是这么做了。

＊　＊　＊

接着再来说说两个科学性的错误。

首先，这篇文章假定定性的存在性定理是科学的。虽然经济学中普遍都在传授与实践这类定理，但据我观察，假定它为科学，依旧是一种错误，因为存在性定理在量与质上都不受限制，它缺乏量化的表达，因此也无法验证其准确性。不同于物理学与地质学特征的定量命题，我们是无办法验证一个效应是否"存在"的。零就是零。除非我们有一个根植于科学或政策的标准，可以说明某物离零有多远才算是"存在"，否则只是说"存在"在科学上是无用的。这点我在前面已说过。

另外，这篇文章依赖于一个假设——同样是在经济学中被普遍传授与实践的——虚假假设的"显著性"检验是一种验证存在与否问题的有意义的方式。这点我也说过。自从 1900 年左右出现现代统计学以来，许多主流的声音都解释说，数字本身并不具备"显著性"意义，"显著性"是我们赋予它的一种解释，而且它只能在对数量的科学讨论中以实质形式判断出来。正因如此，才有了埃奇沃思、戈塞特（Gosset）、埃贡·皮尔逊（Egon Pearson）、杰弗里斯（Jeffreys）、波雷尔（Borel）、内曼（Neyman）、瓦尔德（Wald）、沃尔夫维茨（Wolfowitz）、尤尔（Yule）、戴明（Deming）、耶茨（Yates）、萨维奇（Savage）、菲耐蒂（de Finetti）、古德（Good）、林德利（Lindley）、费曼、莱曼（Lehmann）、德格鲁特（DeGroot）、切尔诺夫（Chernoff）、莱福（Raiffa）、肯尼斯·阿罗、布莱克威尔（Blackwell）、米尔顿·弗里德曼、莫斯特勒（Mosteller）、克鲁斯卡尔（Kruskal）、曼德勃罗（Mandelbrot）、沃利斯（Wallis）、罗伯茨（Roberts）、克莱夫·格兰杰（Clive Granger）、普雷斯（Press）、贝格（Berger）、阿诺德·泽尔纳（Arnold Zellner）这一众科学家的观点与坚持，更不用说策里克（Ziliak）与我本人了。多大算大？这是一个科学问题，要回答它，我们不能只是死盯着数字。如果我问："今天是个好日子吗？"然后你回答，"6，从统计学上看是有显著性的。"这就等于什么也没说。我们需要人为设计一个尺度（比如以摄氏温度为单位，或者用从 1 到 10 之间的非间隔数字来代表人的观点态度，再不然用其他的方法），进一步决定达到数值"6"是不是就足以判断这一天是好是坏了。这种实质性的科学决策是要由人来做的，我们不能把它甩给 t 表格。以太阳表面温度为基准来判断的话，印第安纳州的平常一日是很冷的；但要是以星际空间的温度为基础来判断，它就是很热的。这一点，t 表格的发明者威廉·西利·戈塞特（其笔名是"学生 t 的'学生'"）很早就说过了。

经济学家（也包括少数其他学科的科学家，比如，需要引起警醒的，有许多医学家）忽视了统计学中的主流声音，正如艾哈德与詹森所做的那样。大多数其他学科的科学家，比如物理学家、天文学家以及历史学家，都没有这么做。他们每天都在做关于多大算大的判断，也不会把 $p < 0.05$ 当作任意一项科学研究的答案（如果你不明白我在说什么，或者你不赞同我的意见，又或者你对有人会发表这样的言论而感到愤慨，那你需要读一读美国统计学会的一个委员会在 2016 年 4 月所发表的一则宣言，宣言认为显著性检验愚蠢至极；接下来，你可以放下忧虑，去读一读策里克和本人的文章《统计显著性崇拜》（*The Cult of Statistical Significance*, 2008），再或者你也可以去听一听在本文之前统计学界就存在的一些主流声音）。

艾哈德与詹森把信心全部放在了"对由诚信所产生的统计学显著性业绩增长的正规测量"上。保持这种信念，就等于拒绝承认，在实质性损失函数缺损的情况下进行这种令人满意的"正规"测量有多荒谬。他们说："我们期待完成更多的正规统计检验——毕竟，大家都在研究的商业世界里已经有一个现成的损失函数了，我们管它叫'利润'或者'市场估值'。"这已经够正规了。20 世纪 70 年代，当我每天都在芝加哥大学的四边形俱乐部（Quad-rangle Club）与默顿·米勒（Merton Miller）、金·法玛（Gene Fama）、迈伦·斯科尔斯（Myron Scholes）还有费希尔·布莱克（Fischer Black）共进午餐时，我都会听到这样的声音——在不太了解其重要性的情况下——《商业杂志》（*Journal of Business*）并不认可对所谓股票市场非理性的统计学显著性检验，但他们却要求查看作者的银行账户。这是一个很好的检验，它的损失函数肯定关系到某些商业规则【之后，当我终于理解了这一点，我就这个主题写了一本书，叫作《如果你有这么聪明：经济专家的故事》（*If You're So Smart: The Narrative of Economic Expertise*, 1990），同时，我也开始对统计"显著性"检验进行批判。可惜，还是没有进展】。

艾哈德与詹森在此处无辜遵循的"两个错误"方案，同样可见于萨缪尔森的博士论文（1941）以及弗里德曼的《实证经济学方法论》（*The Methodology of Positive Economic*, 1953）中，这点我之前就提过——弗里德曼告诉我，他后来很后悔自己写了那样一篇文章。我注意到，早在1957年，库普曼斯就已经最为清晰地表述过这两个错误了。设计定性定理（正如艾哈德与詹森所说的，完美的表现需要完美的条件）。然后用数字所天生具备的虚假假设的显著性含义去"检验"那个"假设"（就像艾哈德与詹森所说的那样），不必设定"多大算大"的标准。

因此，大部分经济学家，包括这里的詹森，从1957年开始就不再认真思考所行之事了。我试图在20世纪80年代及后期重启这种思考，但基本无果。很遗憾。几年前，我震惊于耳闻印第安纳州大学经济学系要求研究生把弗里德曼的文章当作经济研究的完全指南。所有最优质的研究生课程都要求学生学习马斯克莱尔、温斯顿和格林（1995）在《微观经济理论》（*Microeconomic Theory*）中的定理证明，我提到过，就是因为这一原因，研究生们才需要在证明存在性问题的时候做真正的分析，否则的话，这种证明对实际的经济科学毫无用处。然后，学生们学了三个学期的计量经济学，这种学习中并不包含其他许多可以获取量化知识的方法培训，也不提多大算大的科学问题，对答案的获取来自基于数据所下的判断，而不是在不受价值判断干扰的前提下对数据所做的解释（不受任何规范的约束），就像那些埋葬在千篇一律的回归程序当中的"显著性"检验。

* * *

"不受任何规范约束的……纯粹实证方法"意义何在呢？自20世纪20年代以来，学界已经反复且决然地证明了实证主义是缺乏意义的。艾哈德与詹森引用了托马斯·库恩的话，但他们似乎并不了解他真正在做的，是想通过实际的科学研究来打败实证主义。他们引用的是《科学革命的结构》（*The Structure of Scientific Revolutions*, 1962）中的句子，而不是更具颠覆性的《必要的张力》（*The Essential Tension*, 1977）中的内容，库恩在后者中展示了物理学实际是如何运作的。在科学的哲学、历史学及社会学领域，艾哈德与詹森所推崇的这种实证主义早在1914年的迪昂困境中就已经夭折了。"如果物理学家预测的现象并未发生，不仅他所提出的命题要被质疑，就连他所使用的整个理论框架都要受到质疑。"此处的困境在于，这个框架——当特定命题（比如一次处决可以阻止七次谋杀案）受到质疑的时候，其他假设

（如原因回归研究中的有效证明）也要被质疑。自 1914 年以来，特别是自库恩以来的学界成果反复证明了，没有一门科学真正遵循，或者本该遵循了朴素实证主义中的"一次检验只验证一个假设"（one test at a time）的原则。经济学家们把实证主义的伦理要求印在 3″×5″ 的卡牌上随身携带，没有人可以罔顾这种伦理去过他的个人生活或是从事科学研究。

例如，艾哈德与詹森写道："整体性……是可用性最大化的必要（和充分）条件。"搞这种同义替换的文字游戏有什么科学意义呢？他们认为自己是在恰当运用复杂定义阐述一个定理。但是，我再说一遍，与萨缪尔森—阿罗—库普曼斯的传统观念相反，定性定理无法解释科学是如何运作的。诺贝尔物理学家理查德·费曼在加州理工学院为大一新生开设了一门备受差评的物理学课程，他在这门课程的早期章节中告诉孩子们，如果要学习矩阵代数，他们不妨去看看其中的简要证明。接着他充满防御性地写道："（面向证明的）数学能在一个物理学讲座中起到什么作用呢？"他的反问——为什么要证明（他说"各式各样的数学事实是如何被证明的"）——会令那些在物理系以外的其他系别学习数学的经济学家们错愕不已。科学（根据其自 19 世纪 60 年代以来的英文定义）是以量纲为基础的。数学系的那种数学，相比于对其结果（比如，无穷级数发散中的前几个项）进行定量应用的物理学及经济学中的数学来说，是个反例。

我再说一遍，数学系关心的是是否存在一个偶数，它并非两个质数之和，他们根本不在乎在 10 的高次方以内的运算当中能否找到一个实例。他们也不允许使用无穷发散级数的概念来描述任何事物。20 世纪 20 年代，希尔伯特（Hilbert）的学生发现希尔伯特空间（Hilbert spaces）可以在物理学中加以应用，因此，他们被带到了德国大学的物理系，当一个物理学家向他们展示一个级数的前几项，但并不检验它在 N 趋于无穷大时是否收敛，他们简直要惊掉下巴。数学系的数学，与神学、哲学及其他人文科学一样，只对是 / 非、存在 / 不存在、无限 / 无的问题感兴趣。我非常推崇纯粹数学、经济理论、神学、文学批评以及哲学这些学科。但它们要成为一种人文科学，就要像经济学或工程学这样的描述性科学一样，先进行必要的分类，正如我所说的，这只是第一步。如果跳过了进一步的定量检验，那它们就只能是停留在脑中的美丽幻想。

艾哈德与詹森所实践的是货物崇拜的科学研究。他们假定其中确实有一些数学"硬货"，能让这些研究配得上科学的名头。它嚷嚷着要用科学的方法来处理数据。它像实证主义无视迪昂困境那样提出若干假设。但实际上，他们的论文就像新几内亚人用椰子和蜡烛铺就而成的"着陆条"一样自欺欺人和不堪一击。

* * *

那么，这篇论文就是一个例子，它说明了经济学家及其同路人们如果继续这样我行我素，他们可以走到离学术与科学很远的地方。有关他们的非学术性及非科学性的另一个特点，值得我们在此进一步点评一下。艾哈德与詹森和大多数经济学专业的学生一样无视并且看低人文科学，但从其所作所为看来，他们的头脑简直已经简单到了值得孩子们在"经济学从业八卦"网站上大肆报道一下的程度。

　　我曾多次指出，人文学科处理的是人类重视的意义范畴的问题，比如商业伦理与政治伦理、公司制及合伙制、红巨星与白矮星、病毒与细菌、合法公民与非法移民、丑陋与美丽、尊严与快乐、好与坏。很显然，我又说了一遍（我都害怕会让你厌烦了；但你真的理解了这点以及它的重要性了吗？），你得先了解某一类别的含义，然后才能计算它的成员，这就是为什么人文科学——德国人将其称为 die Geisteswissenschaften，一种听起来有点诡异的"精神科学"——必须始终走在量化科学的前面，无论是社会科学还是物理学。意义是科学性的，如果一门科学不具备人的意义，那它就无法存在。堆砌"存在性"定理和"显著性"检验结果是没有意义的。

　　因此，人文科学中可以用来解释日常生活事物的，并不只有技术哲学，你可以从亨利克·易卜生（Henrik Ibsen）或亚瑟·米勒（Arthur Miller）的戏剧作品中看到资产阶级也有它们的意义分类——比如说，《建筑大师》（Master Builder）害怕年轻人进入建筑行业；即便一个推销员业绩很差，在伦理角度我们也必须对其予以关注。你可以从米尔顿——约翰·米尔顿，不是米尔顿·弗里德曼——那里了解到，"以善为恶"（evil be thee my good）是一种大智若愚的生活计划，即便你过的是一种天使般的生活，无论你是贵族、农民，还是抱持着"谁死后拥有的玩具最多谁就赢了"或者"贪婪有益"价值观的资产阶级，都是如此。你可以从语言学，或者从呆伯特（Dilbert）的漫画里学到，管理者的表面之词，可能具有相反的实用价值或者言外之意。你可以从曲高和寡的经济理论——它本身是人文科学，而非定量科学的一部分——所钟爱的那种数学式的存在性定理中了解到，自由市场中有可能存在一些沧海遗珠，它们或许能证明，在一个由仁慈的哲人君主所组成的假想中的完美政府里，实施大规模的干预措施是合理的。对这些沧海遗珠（它们所产生的任何影响，无论多小？）、合理的干预（射杀污染环境者？）、政府（不经意间实施了暴力垄断？）、仁慈（对谁仁慈？），以及哲人（不是诡辩家？）的范畴进行划定本身就是一种很好的人文调查主题。

巴特·威尔逊使用了哲学家路德维希·维特根斯坦的方法，他不仅在个体的效用函数中讨论正义感，并且也在他们所进行的语言游戏中讨论这一问题。他是唯一一个深入使用了维特根斯坦方法论的经济学家。我自己已经开始使用哲学家约翰·塞尔（John Searle）的方法来使经济制度研究在类别数上追上哲学及文学领域的速度，这一点我将在第七章中加以说明。这种策略在科学研究中是有好处的。也就是说，你可以了解从孔夫子到阿玛蒂亚·森（Amartya Sen）等一众哲学家对于人类最关切的问题曾有过哪些绝妙的思考或是出色的言论，然后从对这些思考和言论的学习中去了解人类意义的范畴，也就是科学研究的第一步。

因此，认为人文科学的核心问题是——这个或那个是什么样的——这是一种幼稚的错误。艾哈德与詹森对严肃人文主义和伦理哲学的逃避，实际上就是被这种错误冲昏头脑的表现。这种对"什么样"的问题的探讨主要出现在比如生物学中，它在艺术史、数学和系统神学领域也很重要。系统的、科学的人文主义主要做的就是类别探讨。大部分经济学家对人文思想的不屑一顾在科学或者哲学上都是站不住脚的。

艾哈德与詹森对于哲学素养主张的惺惺作态无非只是证实了他们对于科学人文步骤的忽视。比如说，他们在文中用脚注来阐述自己所谓的"隐形面纱"（它只是说人们通常注意不到自己不道德的时候；缺乏诚信，"不是全部"）。人们惊讶地发现他们引用了海萨尼和罗尔斯所说的"无知的面纱"，艾哈德与詹森不无自豪地宣称他们是在"利用"这个面纱（他们本可以在同样的情况下也提及布坎南、塔洛克以及罗尔斯）。但他们所说的"面纱"与想象中的"面纱"并无半点关系，而想象中的"面纱"正是为了建立伦理原则而戴的。可伦理原则并不是艾哈德与詹森会考虑的东西。

* * *

为什么我们不对艾哈德与詹森违反伦理及科学的行为默默一笔带过呢？这一点：我希望我的暴躁直言能够让哪怕只是一小部分年轻读者对 1957 年起延续至今的"接纳范式"提出质疑。我希望他们能够大胆学习一些严肃的哲学知识，比如，文学、科学社会学、经济及商业史，或者是统计理论。这能把他们的精神生活从像艾哈德与詹森的论文那样的货物崇拜科学中解放出来。

我们必须做得更好。

第二部分
困境中的难兄难弟：新制度主义

第六章

即便是新制度主义的精华
也是缺乏测量的

诺斯、阿西莫格鲁及其追随者们所信奉的新制度主义，能带领经济学走出它误入的那条死胡同吗？考虑到我有许多经济史专业、奥地利经济学派以及产权经济学领域的朋友都这么想，我也愿意赞同这个观点。我不想站到朋友们的对立面。

　　历史经济学家道格拉斯·艾伦（Douglas W. Allen）在 2012 年出版了一本研究深入、文笔优雅的著作，他在书中解答了许多有关英国政府如何在旧时代运作的有趣谜题。这是一本出色的著作，我从中学到了很多东西。但是，我不相信它的主要论点。为什么呢？因为即便是非常卓越的新制度主义风格的历史经济学作品，也会更为广泛地暴露出经济学所特有的缺乏定量评估的弱点。倘若如此优秀的诺斯式经济史学作品都存在这样的问题，那些新制度主义学派的平庸之作想必会更为糟糕，更不必说其他传统经济学派了。

　　艾伦的主要观点是这样的。在 1800 年以前，即便是像英国政府这样令人艳羡的帝国侵略工具，也无法保证可以准确衡量公务人员的优秀程度。因此，就像当时的刑法会对实施偷窃的人处以绞刑一样——因为并不存在的警察实际上无办法提高抓捕概率——政府也使公务人员的违规成本变得非常高昂。在信息不足（可以算是一种战争迷雾）的环境下提高犯错成本的一个典型例子：1756 年，海军上将约翰·宾格（John Byng）因在米诺卡岛战役中未尽最大努力而被行刑队处决。伏尔泰（Voltaire）曾借其小说《老实人》中的白痴英雄之口发表过一句著名的评论："在那个国家（伏尔泰是英国的忠实崇拜者，尽管在很长一段时间里，包括伏尔泰在内，也包括英国民众，没有人对米诺卡岛失守于法国表示哀嚎，也没有人认为在这种情况下正义得到了实际的伸张），时不时地杀掉一个海军将领是件好事，这有助于鼓励他人。"杀一儆百。因为偷猎了地主的一只兔子而被押送去澳大利亚，这有助于阻止其他人效仿同类行为。同样，也是出于相同的不确定性原因，艾伦很有说服力地论证了，如果要做成事情，英国政府必须要依靠信用——他将之称为"信任及抵押资产"——他声称，因为英国处在"一个被大自然的巨大力量所支配的世界里（例如，在航海时代，人们很难在海战时获得稳定的天气预报信息），这使得人们在很多情况下无法对实际功绩加以衡量"。自然界的影响是很难衡量的。现代社会的测量水平有所提升，用艾伦的话说，此时我们就不必依赖信用、信任和抵押资产了。

　　我的基本疑问是，艾伦为了解释问题而做的测量，并没有测量出那些真正应该测量的东西，无论用它来解释原因还是结果，都是缺乏说服力的。他甚至都没有给出有效测量的框架。这是新制度主义的典型流程，和经济学的许多其他部分如出一辙（把无意义的"测量"放在一边，不考虑实质性的损失函数，而是依靠对非样本进行逐一的虚假设检验）。艾伦依靠"分析性叙事"的方式建构可能的解释模型，在他的案例中，这种模型中的参数大小通常远远超过了解释结果所需的经验数值。

我重申一下我的控诉，尊敬的保罗·萨缪尔森和同样尊敬的他的姐夫肯尼斯·阿罗，都应该受到指责，因为是他们促成了现代经济学对"定性定理"的追求——尽管事实上，自打李嘉图开始，无论是否使用数学方法，经济学家们都倾向于放心使用分析性叙事，来讲述那些虽然好笑但缺乏测量的无谓的建模故事。或者也可能从亚里士多德就开始了。建模方式的弊端在于，我们可以用数不清的模型去解释任何给出的结果，我在之前把这一点称为 A-prime-C-prime 定理。从埃维纳·格雷夫（Avner Greif）起的大多数新制度主义经济学工作之所以在科学上令人失望，就是因为他们不经测量就去建模，所以，艾伦的优秀作品值得被拿来作为一个疑难案例加以研究。我再说一遍，如果这么出色的作品都有这么严重的问题，也许我们就该担心那些不那么出色的作品当中的问题可能更大，比如道格拉斯·诺斯的《理解经济变迁的过程》（*Understanding the Process of Economic Change*, 2005），或是达伦·阿西莫格鲁以及詹姆斯·罗宾逊（James A.Robinson）的《国家为何失败》（*Why Nations Fail*, 2012）。

像样的人文经济学，是要包含测量过程的，但它的内涵又远非官方计量经济学所书写的那一点狭隘的范围，它包含从模拟，到制图、阅读、绘制、实验、发放问卷以及倾听的全过程，真正的倾听。当量级成为科学问题的重要组成部分时（正如它们在解释"财富大爆炸"现象时所展示的那样），它们就必须受到关注。但艾伦并不关注量级问题。我的意思不是说他没有贡献那些无关紧要的表格，或者比无关紧要更差的 t 检验。恰恰相反，幸好他没有这么做，在这点上，艾伦和在许多其他问题上一样，展示了自己出色的科学品位。我所说的"不关注量级"，是指书中没有任何一处解释了这个或那个原因以及结果可能会产生多大的影响。

【亲爱的读者，为了不让你想歪，认为文艺的我是在五十步笑百步，请想想我长期以来在英国经济史领域所做的测量工作，我一直在探索量化研究。接着再想想与我近期工作相关的如下逸事。一位有见地的朋友在谈到我在 2010 年所写的《资产阶级尊严》（*Bourgeois Dignity*, 2010）一书时，不加认真思考就说它"不是定量研究"。书里没什么表格，没有任何 t 检验——连一个标准误差都看不到，所以他被这种错觉给迷惑了。但是，书里的几乎每一页，而且往往每页有好几次都在追问"有多大影响"，并且提出了回答的方法，有时还会提出相关的数量级，这是一种非常"工程师"的风格。当我向他指出这一点时，我的朋友赞同了我的观点，并表示了歉意。你可以看出，他是一位非常博学的经济学绅士。实际上，他曾受训于一所非常著名的工程学院。】

* * *

如果不去界定"多大算大"，就会导致一些问题。其中之一就是艾伦独创性地举出了一个例子，来说明政府激励制度与私人繁荣之间并无科学性联系。他声称自己要说明的就是诺斯和阿西莫格鲁所说的那种"私人繁荣"。但在那段时间里，相比于志愿活动，国家制度的规模是很小的。只有在英法战争频繁爆发期间，它们的规模才会扩大——实际上是出乎意料地大，国家在此期间忙于烧钱，一无所获。

我所在的城市芝加哥在 1870 年到 1900 年间是全球发展最快的城市，当地的志愿部门是创新界的奇迹（钢架摩天大楼、钢筋混凝土摩天大楼、肉类的大规模加工）。但是，当地的非志愿部门也出奇地腐败（我可以提供相关的数据），它们依赖于艾伦所说的那种赞助制度，艾伦认为这种制度在当时拖累了英国的现代化进程（但正如艾伦的明智判断一般，在当时的条件下它已经是最好的制度了）。早在 1848 年，当年轻的理想主义法律系学生阿伯纳·米克瓦（Abner Mikva）来到芝加哥，渴望成为民主党的志愿者时，区委员长问他，"谁派你来的？""没人派我来。""我们不接受不是派来的人。"后来，另一位腐败的政客说道："芝加哥还没有准备好进行改革。"塞缪尔·皮普斯（Samuel Pepys）和罗伯特·沃波尔（Robert Walpole）说得再好不过了。尽管如此，芝加哥城的经济还是发展得很好，真是谢天谢地。几十年来，它拥有了世界上最大的海港，人们在此买卖谷物，这里也是相当重要的木材交易市场。"世界屠猪城／工具制造商，小麦收割者／铁路运动员。"这些经济增长的迹象并不来自市政大厅。同样地，英国的富裕也不依赖王室的赞助，它的陆军和海军军队依赖，但它的钢铁厂和棉纺厂不依赖。当时的英国和芝加哥政府规模不及现在这样庞大，它们还不足以阻挡商业化验证改良的脚步。

　　艾伦论证中的许多细节都值得称道，但它与我的观点是相左的。他和诺斯、利亚·格林菲尔德（Liah Greenfeld）、帕特里克·奥布莱恩（Partrick O'Brien），还有最近的巴达萨拉希（Prasannan Parthasarathi）以及玛丽安娜·马祖卡托都认为，强大的政府是经济增长的先决条件。我却认为，它是经济增长的绊脚石，因为按照常规做法，政府会把经济经费拨走去做寻租以及军备铺张活动。"为皇室提供值得信赖的服务"，这是艾伦的一种检验标准，但它并非实现民营经济增长的道路。他说："英国在成为所有社会中最贵族化的社会的途中，也成为了最富有和最强大的社会。""最强大"，是的，当一支海军部队在真假混杂的贵族眼皮底下狂热地练习枪法，当他们把自己的身份认同完全绑定在海战之中时，就这一目的而言，英国确实是强大的。在英国，贵族统治非志愿的公共部门已有很长一段时间了。上一个仍由字面意义上的贵族占据主流的英国内阁距今已经相当久远了（考虑到英国贵族阶层的规模之小，这是一个严格的标准）：它是 1892 年的格莱斯顿（Gladstone）内阁。30 年后，在博纳·劳（Bonar Law）的内阁中，贵族与平民的人数仍然相等。1979 年成立的撒切尔内阁中，仍有近 1/4 的成员来自"地主阶级"（尽管有些人是最近才加入的）。但是，"最富有的"不是英国的贵族，甚至不是更广泛的上流社会，而是英国的资产阶级。"彬彬有礼的商界人士"的经济命脉掌握在资产阶级手中，而非贵的价值观也越来越受到其他群体的拥戴——事实上，最晚从 1730 年左右开始，大部分的改良贵族都采用了这种价值观。

　　艾伦没有进行国际间的比较，因此，他也没有得到什么英吉利海峡之外的信息。比较法是人文主义版本的一种计算手段，在科学上，它往往比计算本身更具说服力。历史学家或经济学家专注于某个像英国这样的单一案例，无论他们怎么计算，都有可能忽视其他地区的类似情况，在这种情况中，他们可能掩盖了自己对于英国（但不是苏格兰）法律或大英（也是法国）帝国的颂扬。道格拉斯·诺斯、约翰·沃利斯以及巴里·温加斯特（Barry Weingast）在其共著的那本副标题为《有记录以来的人类历史的概念性解释框架》（*A Conceptual Frame Work for Interpreting Recorded Human History*）的书中，略去了除英、法、美三国以外的所有有记录的人类历史，甚至连他们看待三位一体的方法都是异常割裂并且常常错得离谱。【因此，读者在阅读本书时，会心满意足地发现我花了足足 8 页来讲述西班牙，7 页来讲述罗马，1 页来讲述韩国，而至少有 30 页都在说法国。这种偏差在"有记录的人类历史"中只是很小的一部分，但如果没有这些补充，我们就只看得到英、法、美的人类历史了。这份索引中还缺有关非洲、阿拉伯、中国、德国、希腊、伊朗、意大利、日本、瑞典、奥斯曼帝国、莫卧儿帝国、荷兰以及俄罗斯（不包括苏联）的条目。】

公平地说，艾伦花了足够的精力搞通了那些他实际上已经弄清楚了的英国历史事实，这场戏还是很好看的。但是为了证明他的观点，他得解释为什么其他国家的贵族和服务阶层——比如俄罗斯、奥斯曼、普鲁士，尤其是日本德川，没有使他们的国家富裕起来。"建立贵族制度的目的是提供一批值得信赖的服务"，以便其能更好地在海战或陆战中尽心尽力。好吧，假设它是。那么，为什么武士阶级没有富起来呢？这种回答是站不住脚的，因为在日本的明治维新时期，事实上，许多武士正是通过对资产阶级传统美德的全新推崇，比如，抛弃贵族式的决斗，来参与到商业与工业活动中去的（顺便说一下，艾伦关于决斗的章节非常精彩，能使他的书值回票价）。

* * *

自 1776 年以来，经济学家们一直试图解释财富大爆炸的现象。有关这一现象的底层表现，有经济史学家科马克·格拉达（Cormac Ó Gráda）对近年来饥荒人口急剧减少的文献记载可作证明。而大约 3/4 的世界人口，正享用着地球上最高端的生产力和消费成果，并且，这个比例还在逐年扩大。他们居住在阁楼公寓里，享用着艺术博物馆、高等教育、假日探险、灵性操练等福利，阅读严肃文学，能从新冠导致的失业潮中全身而退，他们享受着资产阶级城镇中所有高贵的和不怎么高贵的商品及服务所组成的繁荣生活。去参观参观位于中国杭州市的浙江大学校园吧，那是个硕大、现代、遍布精英的地方，虽然你此前从未听说过那里，但如果你去，你会被惊住的。

换句话说，当我们向本科生讲授经济史时，我们期望传递的信息是，自 1800 年以来，人类福祉已经实现了惊人的大幅提升，这就好像一根冰球棍的球柄和刀刃（许多经济史学家都是加拿大人，比如艾伦，也有许多是瑞典人，他们喜欢用冰球运动做类比）。在历史上的 1800 年，商业发展之球已经跑到了球棍末端，一触即发。

如何解释它呢？艾伦的师父道格拉斯·诺斯以及巴里·温加

斯特在 1989 年提出过一些新制度主义的传统观点，他们认为在 1688—1689 年光荣革命中所发生的法律上的变化可以解释财富大爆炸的现象，但这是错的。首先，法律本身并没有改变。其次，正如波罗克（Pollock）与梅特兰（Maitland）在 1895 年就确认的那样，英国的合同法与财产法在"爱德华一世统治之前"，也就是 1272 年以前，就已经发展与执行得很好了，而这一事实也得到了之后法律史学家的反复确认。1972 年（恰好是爱德华一世统治 7 个世纪以后），我用新制度主义经济学家的那种方法对 18 世纪圈地运动中财产法的变更进行了建模——从 1973 年的诺斯及托马斯，到 2011 年的艾伦，再到 2006 年、2012 年及 2019 年的阿西莫格鲁与罗宾逊，新制度主义学派对于这一观点的采用变得越来越普遍。这个观点就是：在坏法律主导的坏时代里（我重申一下：当时实际上并未产生真正的法律），交易成本会像一根楔子一样嵌入供需关系之中，阻碍土地、劳动力或是其他一切达到供需均衡。在 1972 年，我认为是英国空地上的所谓坏的财产法妨碍了土地的有效利用。那么，诸如英国圈地运动中所产生的那些法律改进，就可以使边际产品与边际机会成本持平，减少交易成本的负面影响，并将带来收入的提升。诺斯及其他人的这一黑板论证基于一种设想，也就是当 1618 年，英国引入了专利制度，使发明成为一种私有财产后，生产效率得到了提高，工业革命也最终应运而生【乔尔·莫吉尔（Joel Mokyr）已经推翻了这一观点】。

我们可以用初级经济学教材中随处可见的供需图表，来阐述为何我们反对新制度主义学派关于财富增值缘何发生的决定性观点。比如，我们就用国家劳动力供需情况来举例。假设劳动力机会成本是一条向上倾斜的曲线，它衡量的是英国劳动者在下班后一小时所从事的活动本可以创造的劳动价值，比如用于出国务工，或者是休息的这部分成本。现在我们在图中加上英国劳动力的需求曲线，毫无疑问，它应该是向下倾斜的，因为当工作不太紧急的时候，任意一个剩余劳动力都有可能被雇用。如图 6.1 所示，这样的一条劳动力边际产量曲线，才是真正的后一小时需求下所产出的市场产品价值。

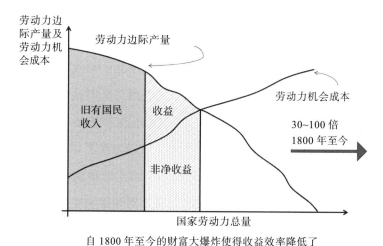

图 6.1 静态的制度变化不能解释现代经济增长

假设不存在劳动力的分配不当，国家将在市场驱使下不断雇用劳动力，直到两条曲线相交为止。此时，考虑到现有的劳动力边际产量及劳动力机会成本，国民收入将达到最大值（从技术上讲，总产值显然会达到一个积分常数，一个在边际产量曲线下的积分——也就是经济学家所说的偏导数曲线下的那部分面积，这个时候经济学家应该已经发明了把微积分，因为如果没有的话，他们就会把这部分看作劳动力边际产量）。

能达到这样一个效率极值对全社会都是件好事。毕竟，这里的效率指的是劳动者在下班后一小时去做其他事，比如休息，所需要牺牲的产品价值。它并不是像市场或万能的中央计划者所说的，是在收益小于成本的情况下所导致的损耗。它描述的是你个人想要如何分配自己的工作及休息时间。国家也是如此。如果出现了分配不当，劳动力的雇用量就会偏少，经济总量就会处在曲线交叉点左侧的那条垂直线上——劳动力太少的那条线——此时我们将从国民收入中放弃掉一部分收益，也就是三角形区域所标注出来的"收益"（技术评论：为什么收益不包括下方的梯形部分呢？因为梯形区域代表的是劳动力的机会成本价值——比如休息或者出国务工——也就是未在国内从业的那部分劳动，以及用来休息而不是用以工作所能带来的那部分收益。这部分因为效率低下而被放弃掉的收益对任何人来说都无法产生价值，正如经济学家所言，它是一种致命的损失）。

政府可以采取一些措施，使舍弃的那部分收益远远高于有效点的收益。比如，朝鲜在这类工作上就非常得心应手。但在另一个方向上，基于经济运行方式的任一合理观点，政府在任何情况下都不能利用法律来阻碍自由交换，无论这一举措是否能使劳动力的边际产量上升 20 倍或 30 倍。

最关键的一点是，即使法律条款产生的初衷是要减少因为分配不当而导致的产量损失，它能带来的收益也是很少的，哪怕是和之前在完备的法律下能产生的收入相比也是如此。同时，由此所挽回的损失，相比于财富大爆炸中产生的可观边际产值外移，简直是微不足道。再看看图 6.1，注意标有"30~100 倍，1800 年至今"的大箭头。能对财富大爆炸现象的数量级做解释的，是这个大箭头，而不是由效率所导致的微小收益。也就是说，现代世界的财富增值并不（像一些右派所认为的那样）来自对效率低下的制度所做的修复，而且，不管怎么说，它也不可能（像一些左派所认为的那样）来自进一步阻碍了自由交换步伐的那些法律条款。

这里要说明的关键点是，新制度经济学的静态假设在解释现代社会科学"房间里的大象"时——也就是过去两个世纪里的大规模现代经济增长时——是缺乏它们所宣扬的那种数量上的说服力的。它说不清原本每年 2% 的增幅，为何会在两个世纪内上涨到了 6000%（也许更多）。用"复利"的概念来回答是没什么经济学上的建设性的。这种说法并未说明为什么这种复利现象是在 1689 年、1776 年，或者其他任何一个年份才产生的。而且更重要的是，静态收益并不属于复利的范畴。假设像罗伯特·福格尔（Robert Fogel）在 1964 年所言，1890 年，美国的国民收入因为修建铁路而增加了 2% 或 3%，但是，这种增长只发生了一次，而不是说，因为修建铁路，美国国民收入每年都会产生新的、额外的 2% 的增长。我们得弄清楚为什么西北欧国家和其他地区的经济每年都有 2% 的动态增长，也就是说，两个世纪以来，它们每年都会产生像美国铁路这样重要的新增长。有些事情正在广泛发生，比如 100 万次的兵变，有个英国水手愿意搬迁去瑞典挖运河，一位苏格兰妇女愿意去卡尔开德（英国法夫郡下属的一个城市）

开一家商店，一名工程师受到启发决定制造一艘大铁船。重点是自由许可和批准的范围更广了，而不是那一点点法律上的改进。

分配不当所导致的损失是有限的，因此，换句话说，去修复它能够挽回的产量，在数量级上是远低于财富大爆炸可以带来的增长的。如果政府发了疯，它们甚至可能让一个收入很高的人每天只能拿1美元或者更少的薪水，因为自从政府出现以来，这多多少少都算是它们的常规操作了。只要看一看阿萨德的叙利亚、尼禄的罗马，或者蒙古人最初对宋朝的侵略计划（它们很快就清醒了）就能明白（蒙古曾经把宋朝的富饶农田变成了人口稀少的放牧地，以供牧马使用）。

但是，假设糟糕的政府、失灵的市场和扭曲的产权制度使得原本可以达到的收入降低了80%。在这种情况下，如果有一个完美的政府，可以纠正所有的市场失灵，建立理想的产权制度，那么收入将会增长4倍，计算的方法就是用80的收益除以原本在无效环境下的可怜的20。但是在财富大爆炸之下，这个系数就不再是4了，而是20、30或者100。

可以肯定的是，这种修复能够带来鼓励改善的副效应——对资产阶级重估的许可与批准——这确实反过来促进了1800年至今量级惊人的财富增值。但是，新制度主义者的这一关键性步骤，也就是创造性地生产新事物的这一步，是缺乏理论依托的，他们可依靠的，只有很久以前由约翰·哈巴卡克（John Habakkuk）提出，之后又由罗伯特·艾伦（二人没有关系）再提出的一套缺乏逻辑的理论，即劳动力稀缺引发了改善（尽管在任一边际概念上省出的一先令都是一先令）。或者还有一个看起来更有前途的理论【被莫吉尔、博俊（Boldrin）和莱文（Levine）最近的工作所引爆】，即专利制度的产生使得新鲜事物成为常规资产，创新也因此被重塑成了广受新制度主义、萨缪尔森主义以及马克思主义经济学家钟爱的一种常规投资。

那又怎么样呢（这是在科学研究中总要追问的最佳问题）？这一点：哈伯格三角形 [1] 所引发的改善是无法解释 30 倍或（如果不影响产品质量的话）100 倍的增长从何而来的。如果用它来解释，这个模型就是不稳定的，这就不是一个好的建模方式，因为不稳定的模型可以证明一切，铺天盖地，什么都能证明。那也就是说，倘若你所持观点（从字面上看）与道格拉斯·艾伦一致（顺便说一下，这和罗伯特·艾伦的主张也很相似；都是艾伦家的想法），认为是投入与产出的测量方法得到了改善，因此才引发了工业革命，那么你将不得不解释，为什么小小的原因会带来如此巨量的影响，以及为什么它们没有在更早的罗马时代，或者在类似中国的其他地区发生。你不能只是按照新增长理论的模式，挑一个方便的时间和地点，比如 1750 年的英国，引入规模经济的概念，然后得到一个非线性的、非哈伯格式的结果。近来，在重新认识到财富大爆炸到底产生了多大的影响之后，经济学家对我们的模型做了一些"改进"，换句话说，模型还是那个（供需）模型，但他们加入了"非线性""规模经济"或者"多重均衡"这一系列的经济学空盒。

---

1. 哈伯格三角形：经济术语，表示运用补偿需求曲线说明税收超额负担依据的是消费者剩余理论。

　　恰恰相反，我的主张是，在 18 世纪，尤其是 19 世纪，经济的发展远远超出了过往的所有预期以及静态经济学的解释范围，甚至也超过了机械化"动态"经济学的范畴，因为关于企业和发明的言论形式突然发生了改变。一句话，亚当·斯密的"平等、自由与正义的自由主义计划"开始成为这个时代的统治意识形态，并激励了许许多多的普通人。从技术上看，这一新概念使得埃奇沃思盒[1]的维度得到了极大的扩张。在一个固定的盒子里通过交换进行再分配，这是道格拉斯·艾伦的说法；或者在契约曲线的指引下通过侵略的方式实现再分配，这是道格拉斯·诺斯·马克二世（和马克思）的说法，但这两种说法都没有真正在现实中发生。就算真的发生了，也没什么关系。生产可能性曲线反而有机会因此而凸出，受到人们的关注。17 世纪末，特别是在 18 世纪，英国人的说话习惯发生了变化，这一变化的产生有各种好而有趣的原因——有些原因是物质层面的，有些原因是修辞层面的。是讲话的方式，而不是像对外贸易、国内投资或者测量方法这些物质层面的变革，带来了非线性的概念以及（在更传统的理论中）生产可能性曲线的凸出。在历史发展的角度上，我们也了解这一点，撇开技术经济学不谈，因为贸易和投资都是古老的话题，但是，前所未有的尊严、自由以及让大量普通人富起来的观念，才是这个时代独一无二的特征。

　　简而言之，财富大爆炸的伟大之处，在于它是解释国家财富

1.　埃奇沃思盒：在福利经济学中广泛使用分析均衡条件和阐释资源有效配置的工具，以其发明者的名字命名。

的一种智力拼图。它的伟大在于它给常规分配经济学带来了许多令人头疼的问题。洗牌的方式能够引发变化，它能让周围的世界变得好一点，但是它无法带来惊人的创新，也无法造就出现代社会。正如经济学者及奥地利学派教父伊斯雷尔·柯兹纳所表达的那样："对于（在 20 世纪 30 年代蓬勃成长的英国经济学家）罗宾斯（和萨缪尔森主义者们）来说，简单的经济化无非只意味着对现有资源进行洗牌，以确保已知投入能够被最有效地加以利用，从而帮助某一特定统治集团实现其目标。"但是，能带领人们走进现代社会的，并不是这种不断洗牌的方式。要通往现代社会，靠的不是对外贸易额或是这个那个行业的增长，也不是一个或另一个社会阶层的权重变化。它不靠对产权进行重新洗牌或是更精确的测量。也不靠另一种洗牌方式，也就是富人阶级对财富的不断累积。尽管这些一直以来都在发生。除此之外，它也不靠老板对员工的刻薄行为，或者强国对弱国的卑劣行径，以及针对强大恶势力的强制性洗牌举动。尽管这些也一直在发生。积累权力、金钱，不断殖民他国，对他们而言是家常便饭。而这并没有带来巨大的财富增值：看看 16 世纪的西班牙就知道了。

新的发展路径无关于积累、偷窃、商业化、再分配或是其他任意一种洗牌方式。它有关于发现，我曾经说过，这是一种在许可与批准的新鲜语境下所产生的创造力。道格拉斯·艾伦指出，如今，我们渴望拥有平等的社会地位。是的。一个新社会的、有尊严的资产阶级平民突然被邀请去实践创新，彻底的创新。正如柯兹纳所言，这种企业家精神要的并不是通过洗牌来得到一个最佳的结果——因为就像弗兰克·奈特（Frank Knight）说的，这种例行公事随便雇个经理人都能办得到。"激励就是只要我们能看到自己能做什么，就可以尝试在一无所有的情况下有所创造。"这是在 18 世纪的新语境下用以鼓励（字面意思：给企业家的希望以勇气）企业家的一句话。艾伦指出："当今社会的存在基于一个功利的概念（如果不总是一种现实）……在很久以前……个人的社会关系、行为以及出生环境要重要得多。"说得对。这就是为什么在接下来的两个世纪里，生产可能性曲线可以跃升 10 倍、30 倍或者更多。

艾伦将其分析停在了工业革命的经典时期，即 1750 年到 1850 年左右，以此为界来解释财富大爆炸问题。罗伯特·托马斯和道格拉斯·诺斯也曾在 1973 年发表过类似的主张："工业革命并非经济增长的源泉。"他们声称，你得从更早的时候开始算。好吧，谁说的？谁说所有的原因都必须在历史的深处？只有当你把欧洲的故事锁定在公元 1800 年，或者拉回来一点，公元 1880 年的时候，你才愿意相信，自己对于财富大爆炸的分析是最精妙的。正如托马斯和诺斯所说的："在这 1000 年或 500 年间，'经济持续增长'……其增幅大约为每年 1%。"给现代早期的英国人鼓鼓掌吧。这么一来，个人实际收入将以……每 7 个世纪一次的"火箭"速度翻番。如果你把分析的节点锁定在现代，你就会意识到，工业革命及后续更为重要的财富大爆炸所带来的经济增长系数，我再说一遍，并不只有区区 2 倍（像 1750—1850 年那样），这取决于你的测量有多精准，它是 10 倍、30 倍或者 100 倍。其所具备的威力，已经影响了全球首个工业国数百年之久，并且还将在漫长时代里继续影响近期的后续追随者，比如瑞典、日本、中国香港、爱尔兰，以及现在的中国大陆和印度。

我的一些经济史学家同行，比如斯蒂芬·布劳德伯利（Stephen Broadberry）、古普塔·彼时努普利亚（Gupta Bishnupriya）以及范·赞登（Robert Allen and Jan Luiten van Zanden），都认为早在工业革命发生前的几百年间，欧洲的收入就已经翻了一番。这么一来，他们就不必去想世界历史上最为可观的物质反常现象，也就是为什么几千年来人们的收入都在日均 2 美元或者 3 美元左右，但在后几个世纪中会跃至日均超过 100 美元。他们不必去想这样的问题：倘若法律和"制度"的微调能够产生如此惊人的效果，那么，良好的产权及预算设置实验应该也都能够奏效，就像在汉尼拔治下的迦太基和在忽必烈治下的中国。

埃里克·琼斯（Eric Jones）对我所持的"1800 年以前无事发生"的观点进行了抨击，他在《增长再现》（*Growth Recurring*，1988）一书中举例说明，早在宋代的中国以及德川时期的日本，就已经存在"主要增长时期"了。琼斯认为："使增长时期如此之短的原因主要是政治权力拥有者的过度寻租。"也许是这样，比如明代的中国与德川时期的日本对国际贸易的封锁，以及德川时期对云母印刷品及轮式车辆的取缔，虽然现在在国家主义的"保护"和利益集团主导的"产业政策"指导下，这些经济活动又复苏了。但是，我再说一遍，琼斯所说的"主要增长时期"，指的是在 7 个世纪内人均收入增长 2 倍的时期，而不是在两个世纪内人均收入增长 30 倍或 100 倍的时期。在人类事件的尺度上，2 与 30 或是 100 相差甚远，而琼斯对"1800 年以前无事发生"这一说法【比如我、肯·彭慕兰（Ken Pomeranz，2000）、乔尔·莫吉尔以及金士杰（Jack Goldstone，2002）】的反向辩驳是有偏颇的。

我们需要非常清楚地将"工业化"与"现代经济增长"区分开来（因为埃里克·琼斯有时候并没有做到这点）。前者是由诸如尊敬的人口学及经济史学家安东尼·里格利（Anthony Wrigley）那样的渐进主义者所提出的，它发生在日本和中国这样的地区，表现为制造业及地域专业化的发展，并引致了 2 倍的收入增长；而后者则是由库兹涅茨（Kuznets）提出的，它带来的是100 倍的收入增长。琼斯本人在同一本书中很好地论证了这一观点："如果启蒙运动的进步观念并未产生实质性的影响，那么英国可能会成为一个再正常不过的国家，按照当时的情况，它会满足于一种默默繁荣但并不强求进步的经济状态，就像联合省、日本德川或是威尼斯那样。当地的生活富裕水平虽然会远超石器时代，但却会在乡村繁荣的巅峰时期戛然而止，其增长的潜力也将随威尼斯的余晖蜿蜒而去。"正是如此。莫吉尔指出，问题在于我们要如何解释为什么这种"蜿蜒退却"没有出现，正如金士杰所说，在早期的"盛世"中这种景象是时有发生的。由法国人所发起的启蒙运动并不成其原因，因为如果没有英国人的刺激，法国人还是会继续在他们的沙龙里喋喋不休，发明实用性存疑的军事装备；就像如果没有荷兰人的刺激，英国也不会出现海军、金融以及资产阶级。

* * *

道格拉斯·艾伦也为我所说的新制度主义的"马克斯·乌式

谬误"提供了一个检验案例。自从诺斯大声疾呼以来，大多数经济学家都渴望延续他们的"萨缪尔森传奇"，渴望将所有复杂的人类互动简化为在游戏规则之下争取效用最大化的举动。爱、忠诚、荣誉、勇气、专业精神和身份认同，统统都被简化为——谨慎。问题是，萨缪尔森经济学家把规则一词完全等同于了"马克斯·乌的预算受限"。例如，在列举"完成任务的制度"时，艾伦列出了从"远离草坪"到有关家庭与习俗的所有人类互动。但随后，他又将这些互动的特点定义为"使人们按照某种方式行事的……经济产权体系"，之后，他又将这一特点修改为"制度，本质上是一个系统，或者经济产权的集合体"。艾伦引用了埃维纳·格雷夫在 2006 年对制度所下的弹性定义："制度是一种由社会因素所构成的系统，这些社会因素协同作用，共同制定人类的行为规范。"每一项社会事物之下都充斥着如下概念——市场、城市、家庭、语言、符号系统、习惯、信仰、法律、激情、修辞、哲学、伦理、意识形态及宗教等。基于此，我们说是社会导致了社会，这一点无须争议。但是格雷夫与艾伦随后便将这些社会事务简化成了激励措施——格雷夫对制度的定义变成了"由自我利益驱动所产生的、马克斯·乌式的行为结果"。尤其是，非合作博弈论。

例如，艾伦在一段题外话中论证道：依照他所说的，当自然界变得更为可控时，人类可以制定制度模型来对其进行调整，那么按照人类生育的种种不确定性指引，婚姻制度只可能在"20 世纪中期发生变化，因为当时的技术革新水平允许人类对怀孕过程及疾病预防进行干预"。这种说法是值得怀疑的。人们早就明白，家庭的限制是一个老掉牙的话题了，即便没有避孕药，《女性的奥秘》（*Feminine Mystique*）这本书中所传递的意识观念也已经产生了可与任意避孕药比肩的影响力。在同一页上，他还提出 1750—1850 年间主仆关系的变化是由计时器具的廉价化所导致的，这看起来甚至更扯一些，要是按照这种说法，那么可能在大约 5 个世纪里，我们对时间的计量都是有问题的：欧洲的教堂从 13 世纪起就有鸣钟的习惯，无论如何，就算是几百年前的中国也早有了公共时钟，但是这两个地方的主仆关系都没有发生改变。自由主义意识形态的兴起似乎是一个更能说得过去的原因。你看，艾伦和其他新制度主义者还是想把社会机制简化为一种激励机制。我也是个经济学家，在对优秀激励机制的推崇上，我从未向任何人屈服。我已经写了整整一本书来赞美这些机制。但是当今世界，这个囊括了钟表及其他测量工具的现代世界，它的运作不仅依靠激励机制，也依靠专业精神与意识形态——不仅仰仗基于盈利的谨慎小心，也仰仗忠实诚信的身份认同。这一点，你可以通过定量研究来证明。

那么，让我们用数字来说话。艾伦非常合理地解释了英国皇家海军内部的战利品争夺及其他怪事存在的原因，它们是人为导致的，或者至少应该说是经过演变产生的，因为"在一个很难衡量士兵海战表现的时代，国家是鼓励其他人尽可能地参与战斗的"。但是，难道我们不是仍然处在这样一个时代里吗？而且现代组织的巨量规模还在加剧这种情况。在 1700 年伦敦的一个商人仓库里，甚至是在 1805 年特拉法尔加胜利号的 1/4 甲板上，当遭遇紧急商业情况或是陷入绝望的死战中时（至少如果事件的发生只涉及胜利号本身的话），商人头子或是纳尔逊勋爵（Lord Nelson）只需稍加努力就能观察到几乎所有的人。但是，梅西百货公司的高级主管要如何监管旗下的 16.6 万名员工？或者说，乔治·H.W. 布什号航母的舰长要如何监管船上的 6 千名水兵呢？

为什么人们会相信，现如今测量实际、相关实践中的产出要比当时更容易呢？比如说，我们来看看美国职业棒球大联盟，尽管它处在一个测量当道的黄金时代，但其在球场上的管理不善还是令人震惊。从厄恩肖·库克（Earnshaw Cook）的《棒球概率学》（*Percentage Baseball*, 1964）开始，我们就已经知道牺牲掉短打是一种错误。我们可以去测量，当钟爱这种傻瓜打法的球员能够熟练掌握这项技能的时候，可以产出多少边际产值。或者我们也可以去测量，在因为天气导致航班延误的情况下，给奥黑尔机场的联航公司增加一个优雅又有常识的售票员，又可以带来多少边际产值。艾伦认为，"前现代世界的主要问题，是大自然在普通生活事务中发挥着巨大作用"。是的（结果你说奥黑尔机场的雷暴与"自然"无关？），但现代世界的主要问题，是人类自发形成的秩序及有指挥的组织在发挥巨大作用。如果在现代，对教授或者医生这类职业进行监督非常容易的话，那么所谓的专业精神就根本派不上用场，因为顾客或是老板可以通过奖惩手段使财富最大化。恰恰是罗纳德·科斯在很久以前就提出的公司、专业精神、管理以及团结，才是可以替代市场的东西。

简而言之，艾伦支持激励机制作为社会科学之全部的核心假设是难以令人信服的，而且，我们需要通过量化的证据来确定这种影响的规模，但他并没有提供这方面的证据。这就是分析性叙事法的问题——我注意到有些人仅仅将之称为故事，比如在进化心理学领域——它们缺乏对其进行检验的证据，或者说现有证据根本就是与结论相抵触的。艾伦认为当今的绩效比 1700 年的时候更容易测量了。我表示怀疑。如果他这么想，他就得衡量有效测量手段是何时兴起的。现代人钟爱测量，并以使用这一手段为荣，对此我毫不怀疑。但这并不意味着他们做得就对，甚至不能证明他们采用这一手段是出于实际用途。越南的死亡人口统计数据是胡诌出来的，是没有事实根据的。请注意，会计核算，必然是有关过去的。但经济决策，必然是有关未来的。请记住约吉·贝拉的话（预测是很难的，尤其是对未来）。

大多数现代人，比如艾伦和我，都受雇于庞大的官僚机构，在我们的案例中，主要是庞大的教育官僚机构。对于一切研究评估训练，学生对教师群体的评价、教育大师们尝试将教育变成流水线产品的无意行为，我无法衡量艾伦与我所做的这些对我们的大学产出了怎样的贡献。在流水线上测量贡献已经够难的了。经济中稳步扩大的教育部分（目前占劳动收入的四分之一）是更难测量的，因为教育还包括用"甜言蜜语"改变人们的想法。你可以编造许多数据，就像当今的一些经济学家和心理学家编造有关"幸福"的数据那样。但是，拥有数据并不等于抓住了真相，除非你事实上已经通过人文分析的方法选取了相关的测量标准，并对这一科学问题进行了自然量化。

在一个解放的社会中，管理部门的主要职责不是监视他人（"监视工人，确保他们没在偷懒"）。它们的主要职责是劝说人们各尽其责，它们这样做既是出于对停发工资的恐惧，也是出于职业自我价值感以及对老板和同事的好感。艾伦说，英国有一支庞大而成功的海军，他追问这是如何做到的。接着他回答说，是通过一个巧妙的间接监督系统实现的，如果对手要复制这个系统，进度将会非常缓慢——倘若这个系统当真如此巧妙，那么这种"缓慢"的原因也是无法说清的（艾伦没有注意到对皇家海军成功的更常见的解释："朗姆酒、通奸和鞭刑"）。

对此，我的回答是，的确，"激励机制是很重要，但是认同、正义、爱，以及在严肃实证研究中无法被简化为'谨慎'二字的其他东西也很重要。"正因如此，我们才需要人文经济学。艾伦指出，纳尔逊勋爵之所以非同寻常，就是因为他不仅具备个人的勇气，而且能够从他人身上唤起勇气。"英国希望它的每一个子民都能够各尽其责"，这是他在特拉法尔加的开场旗语。但是，无论是舰队为响应这一旗语而发出的欢呼，还是水兵与长官对战中常设信号"更近一点接敌"（Engage the enemy more closely）的热切关注，都不是在金钱的诱惑或者军事法庭和鞭刑的威胁下发生的。激励措施最为该死。来吧，小伙子们：振作精神，带着闪亮的弯刀登陆西班牙船只。

* * *

因此，如果我们要说"制度很重要"，那我们就不得不通过测量来说明这样或那样的制度安排确实能发挥效力。我宁可说"语言很重要"，因为我们可以按照自己的意愿，以量化的方式来展示 1600—1848 年间经济学用语的变更，这种方法应该与市场的运作高度相关，尤为关键的是，它应该与创新的运作高度相关。无论我们给出怎样的解释，都不能回避财富大爆炸的现象，同时这种解释中必须给出证据来说明这一现象为何具有如此的规模及独特性。重视普通人的自由与尊严似乎是个不错的理由。改进部分测量技术则不是。

第七章

所谓"文化"或被误读的历史无法修复这一点

请让我再次赞美、批评一下这位经济学家，也许程度上不如艾伦那样严格，但他也是奥地利学派产权经济学领域的一位出色的异类。他也像艾伦一样受到道格拉斯·诺斯的影响。我再次挑剔这位杰出的学者是基于这样一个理由：如果连他都在某些方面有所欠缺，那么萨缪尔森主义者和其他传统学者就更是如此。而旧制度主义者和马克思主义的异端分子也不能例外。

维吉尔·斯托尔（Virgil Henry Storr）的优雅之作《理解市场的文化》（*Understanding the Culture of Markets*）值得被广泛阅读。经济学家热衷于输出经济思想，但却不愿意从人文科学甚至其他社会学科中吸收任何东西，这是出了名的。这种知识分子的重商主义违反了他们自己的科学戒律。相比之下，斯托尔是一个思想领域的自由贸易者。

特别是，斯托尔将意义问题重新带回到了经济学。我注意到，"意义"一词已经被行为主义放逐了很长时间，行为主义并不研究人的所思所想，它认为我们只能从外在观察人类，就像心理学家迷宫里的老鼠一样。然而，我也注意到，作为行为主义的发源地，同时也是行为主义极致科学表达起源的心理学，早在20世纪50年代，它就已经克服了无意义的问题。70年过去了，现在是时候让经济学也这么做了。我还记得，在20世纪70年代，当经济学家在德州农工大学发现老鼠和鸽子都是理性的马克斯·乌主义者的时候，我们有多兴奋。老鼠把樱桃汽水当作一种奢侈品。我们从未想过，这种对唯谨慎论的笃定，竟然适用于所有的生命形式。在老鼠的可观测行为中，种草是一种理性行为。据我们所知，只有人类（尽管在大猩猩、大象和鹦鹉等较为活泼的动物中出现了一些例外，甚至可能还有章鱼）能够展示出勇气、节制、正义、信仰、希望和爱的品质。这些都是属于非谨慎型的美德（谨慎是七种主要美德之一），阿玛蒂亚·森将之纳入"承诺"（commitment）的标签之下。

我从斯托尔本人那里知道了反行为主义者阿尔弗雷德·舒茨（Alfred Schütz，1899—1959）（由于我最初的无知，当时我是拒绝知识交换的），舒茨认为，人类的行为一旦"脱离了定义它的课题就毫无意义"。我们，说，用语言。在解放意志的哲学演示中举起我的手臂是有意义的，因为它是小型哲学论证课题的一部分。但我们说，"随意地"举起我的手臂，不依托于任何课题，那这个行为就是无意义、无动机的。舒茨说，动机（正如斯托尔清晰阐述的那样），就是在人们计划、行事或是事后说明的过程中，通过解释"为什么"来赋予行为以意义。"你为什么要举起你的手臂？""为了说服你的自由意志。"狮子攻击角马的意义是为了吃，唯谨慎论。相比之下，人类在其勇气、节制、正义、信仰、希望、爱，以及对应的恶习和衍生的美德中射杀角马，也有他所要服务的其他意义。

毕竟，人类的意义属于科学观察的范畴，它通常并不比确定尼日利亚的国民收入或者比支付有合约的智能手机的全价难度更大。正如哈耶克略显激进的观点所言（是否适用于交通堵塞？）："除非我们能够理解……人们的行为意味着什么，否则任何企图解释它们的尝试……都必然会失败。"在敦促我们认真看待市场的意义时，斯托尔在他的书中较靠前的部分说道，"市场是一个社会空间，有意义的对话在此发生"。没错，在接下来的最后一页，他又指出，"市场关系（可以）发展为社会性友谊……我们在市场上的大部分经历都不是和陌生人共同创造的"。这也没错。这种友谊很容易被量化为一种基于弱联结的力量，而且，经济社会学家已经这么做了。但是，大多数经济学家并没有听进去。正如斯托尔在其明智见解中所指明的那样，早一代经济观察家中的少数人也提出过同样的观点，比如经济学家和社会哲学家奈特、米塞斯以及哈耶克。现在，文化经济学家阿尔乔·克拉默、经济社会学家维维安娜·泽利泽（Viviana Zelizer）、实验经济学家弗农·史密斯和巴特·威尔逊，以及一些受圣人启发的经验主义奥地利学派经济学家，比如艾米丽·查摩尔赖特（Emily Chamle-Wright）和维吉尔·斯托尔，也都提出了这一观点。

* * *

然而，从头到尾，斯托尔对诺斯和格雷夫等新制度主义者的态度都很温和。他应该对他们更严厉一些的。诺斯、格雷夫，以及他们的一众追随者，比如达伦·阿西莫格鲁和道格拉斯·艾伦，对制度所下的定义都是脱离意义的。新制度主义者们没有采用克利福德·格尔兹（Clifford Geertz）的"意义模式"，即通过隐喻及故事赋予文化以意义，他们将"制度"狭隘地定义为一种预算限制，或者说游戏规则，就像国际象棋的规则一样。即便格雷夫试图承认文化的作用，他也没有把它看作意义，而是将其视为约束。正如斯托尔对其言论的援引，它只是导致了"制度框架的路径依赖……提前阻止了社会内部对制度的有效使用"。这当中存在着更多未经测量的不完善。正如斯托尔以其特有的大度对诺斯的《理解经济变迁的过程》（2005）所做的总结："信仰（也就是具备意义的文化）……影响着（人们）所选择的制度，进而约束人们所做的选择。"新制度主义传统观念语境下的"信仰"与"制度"无非只是用以约束人们的锁链而已。它们不是流动的隐喻大军，不是描述文化的诗歌与故事，不是像马蒂斯（Matisse）的《舞蹈》那样的人类律动，也不是人类自行编织出意义之网，继而悬浮其中（正如斯托尔转述格尔兹的话）。斯托尔很好地表达了他对新制度主义者的相关批评，他说诺斯及其他人反复使用社会资本的隐喻来描述"信仰"，"夸大了文化对于行为人的奴化程度"，把人看作了机器，而非舞者或是诗人。

斯托尔的很多观点都是对的，也许他没有意识到这一点，但他是倾向于反对新制度主义的。不过，令我震惊的是，斯托尔完全吸收了保罗·戴维（Paul David）关于制度框架路径依赖的例子，也就是打字机按键按照"QWERTY"排列的例子（哇：这样打字真的很顺手！）新制度主义者也接受了这个例子。在人类事务中，路径依赖是无法避免的。这么说可能会让法国人感到沮丧，但英语已经成为现代世界的通用语言，这肯定和英语在工程、战争、流行音乐以及计算机领域的主导地位是分不开的。不过，就量化角度而言，用打字机键盘的传统排列方法来举例是特别没有说服力的。据说，证明德沃夏克键盘优越性的实验，就是心理学教授奥古斯特·德沃夏克（August Dvorak）本人所组织的。而在计算机时代，诸如保险业这样需要大量打字的行业从业者可以轻松地适应另一种键盘，难度就和单簧管演奏者改吹萨克斯一样低，但没有一个行业这么做。"二战"后的爵士乐历史表明，从单簧管转到萨克斯是非常容易的。

虽然新制度主义者及其兄弟学派贝克－萨缪尔森学派的想法听起来很顺耳，但这显然不是事实，正如斯托尔明确赞同的那样，"非正式制度（比如信仰、习惯、惯例，就像 QWERTY 键盘排列法一样）往往比正式制度（预算限制）更为稳定，而且，一旦它们发生改变，这种变化往往是缓慢和渐进式的。"美国宪法正式制度已经延续了两个多世纪之久。最高法院的非正式司法能动制度却时出时没。神圣、天主教及使徒教会的正式制度已经持续了近两千年。而与之相比，它的非正式制度，比如 1962—1965 年的第二次梵蒂冈大公会议，却可以在瞬间产生变化。人们希望看到诺斯或格雷夫信誓旦旦的假设成真，就像他们说的，信仰的变化进程是缓慢的：但是在 1978 年后的中国、1991 年后的印度或者 1775 年的英属北美发生的变化，都不曾提供这样的证据。在经历了一个世纪的恐怖统治之后，近来北欧及其分支地区对同性恋的态度发生了变化，这种变化几乎是以闪电般的速度完成的。欧洲的教堂在 20 年内就被空了出来——曾经对宗教无比虔诚的荷兰，在 20 世纪 60 年代的 10 年间就完成了这种转变。美国人对德国人的想法在德国加入那场"终结所有战争的战争"之后的几个月就不同以往。而仅仅是 5 年的时间，美国人对乔·斯大林（Joe Stalin）大叔的态度就历经了两次转变。举个匪夷所思的例子，过去美国人习惯了让自己的狗在人行道上尿尿，但这个习惯仅用了 10 年就改变了。可口可乐铺天盖地的广告，让消费者们都相信它们的产品是极为纯净的，但如果可乐罐里出现了一只死老鼠（这是有可能发生的），那么人们的信念也将会在一夜之间就被推翻。

* * *

我再多说一点为什么斯托尔对新制度主义者的态度应该更加严厉。斯托尔在 1943 年引用哈耶克的话写道："社会科学中的'事物'是被人们的意识构想出来的。"斯托尔自己也写过："为了解释为什么人们认可这种金属碟片可以作为货币，而那种却不行，我们有必要对他们的想法及信仰做些参考。"这也没问题。就像斯托尔所说的，即使是像从地板上捡起一张百元大钞这样的基本经济活动——套利模型及套利之前的柯兹纳警觉性模型——也需要解释学的解释，也就是文化意义上的分配。什么是百元大钞？对 1915 年的特罗布里恩群岛居民来说，它只是一张看起来很滑稽的纸，甚至不值得被多看一眼。但在经济学笑话中，对于在和鲍勃·卢卡斯（Bob Lucas）一起散步的汤姆·萨金特（Tom Sargent）而言，它是在理性预期之下所产生的幻觉，"那儿不可能有钱，鲍勃。如果有的话，肯定早有人把它捡起来了"。

解释无处不在。游戏规则是可以打破的，就像斯托尔通过拉比（B' Rabby）和布基（B' Bouki）在巴巴多斯发生的故事所做的有效阐述一般（类似于平原印第安人的丛林狼传说或北欧神话中骗子洛基的故事）。每一条游戏规则都伴随着一份重新解释新想法的邀请。拉比做到了，尽管他的"想法"更像是"计划"。

把"资本""工具"或"规则"的概念当作我们出色表现的原因——比如，用它们来解释人均实际收入为什么能超出 1800年 30 倍或是 100 倍——这种方法深受亚当·斯密后生们的喜爱。威廉·伊斯特利将其称为"资本原教旨主义"，我已经说过了，它在解释现代经济增长方面缺乏量化角度的说服力。当前情况下的问题在于，资本、工具或是规则都会在一个新想法或是新计划中消失无踪。在 17 世纪，辛苦获得的拉丁语能力是一种重要的外交及科学工具。但到了 20 世纪，对于受过教育的绅士们来说，它就只是一件基本饰品。于是，社会会以"山谷女郎"（Valley girl）的口吻说，"随便"（也就是拉丁语中的"Quicquid"）。拉丁语就这么消亡了。伦敦的黑车司机不得不花一整年的时间骑着摩托车到处跑，去收集每条街道、每条路线的"知识"。尽管他们至今仍在寻求政府庇护，正如最近他们向伦敦市长萨迪克·汗（Sadiq Khan）所做的那样，但是，用不了多久，智能手机和 GPS就会让这种人工劳动变得毫无用处。

正如斯托尔所说："文化影响着个人与社会如何识别与构想他们所拥有的工具。"荷兰青少年使用麦当劳餐厅的方式（它比荷兰本土餐厅的营业时间更晚，并且鼓励年轻人前来消费）与当今只是想找个地儿歇会儿的美国家庭不同。在不同文化中，同一种工具或规则会产出不一样的解释。1980 年的南非喜剧电影《上帝也疯狂》（*The Gods Must Be Crazy*, 1980）讲述了这样一个故事：飞机上掉落下一个可乐瓶，因为太高，所以克瓦桑部落的居民并未注意到它是"掉落"下来的，因此，他们把这个瓶子解释为神的礼物。我有一个朋友，她年轻时是"特蕾莎修女慈善传教会"中的一名修女。她与特蕾莎修女交换了念珠。在一架大型客机的厕所里，她习惯性地戴着念珠奋力排泄，结果不小心将念珠掉进了马桶里，拿不出来了。如果（像以前那样）飞机会在三万英尺的高度上排空厕所，设想一下，一个坚定的新教农民会对这串莫名其妙落在自家门廊上的念珠作何解释。解释是要由人来做的工作。

1981 年，朱利安·西蒙（Julian Simon）针对"资源"（自然资本）提出了相同的观点："资源"是人类思想的产物，比如说石油可以被提炼成煤油用以照明，或者稀土可以被用来制造电子和电池这样的想法。就像唐·拉夫尔（Don Lavoie）和艾米丽·查摩尔赖特所说的，文化"不是一个静态的东西，而是一种持续的过程"。的确如此。"过程"一词通常含义空洞，但在这里，它代表着变化，比如说，一种由文化实践的比较优势所引发的转变。日本在制造业质量控制方面的卓越表现，一部分是因为采用了美国人爱德华·戴明（W. Edwards Deming）的统计学思想（顺便说一下，这些思想都不赞同采用旨在验证显著性的机械统计方法），也有部分是日本高度重视团队协作的结果，在 20 世纪 70 年代和 80 年代，日本制造业的兴旺确实是基于以上原因。但到了 90 年代，这些就不是主要原因了。日本人鞠躬致意的做法在西方人看来很傻，他们习惯了亲吻、握手，甚至是男性间的相互拥抱，直到新冠危机出现以前，这种问候方式看起来都很好。重要的就是这样的想法。马奇诺防线是法国军事工程的一个奇迹，但在 1940 年，德国人提出从比利时和阿登高地发起右侧翼进攻（这个方案它们在 26 年前就曾用过），接着，他们只花了 6 个星期的时间就突破了马奇诺防线（愚弄法国人一次，可耻的是德国人；愚弄法国人两次，可耻的就是法国人了）。当想法改变时，资源、管理和资本的运作也会随之发生起伏。

财富大爆炸现象当然是更具代表性的例子。我再说一遍，以免你忽略掉这个观点，重要的并不是节俭行为导致了资本增加（与斯密、马克思、现代增长理论以及马克斯·韦伯的观点相反），而是崭新的、对于创造经济价值的资产阶级生活的推崇，由自由主义所引发的资产阶级重估，以及因此而产生的创新主义意识形态，是这些，带来了财富的巨大增值。人们通过低买高卖来"创造"经济价值，比如，把煤炭和做生意的点子从一个不重视它们的地方转移到重视它们的地方。而韦伯错就错在这里。是商业语境，不是积累、再积累（按照马克斯·韦伯的说法）的行为，带来了现代世界的富裕与丰饶。韦伯所说的"世俗的禁欲主义"，也就是他在传统的斯密特－马克思主义逻辑中所设想的一切导致资本高积累率的行为，并不是引发财富大爆炸的原因。思想和创新才是。正如社会学家倪志伟（Victor Nee）及理查德·斯威德伯格（Richard Swedberg）所言："韦伯学术研究遗产中最经久不衰的也许并不是那些有关新教伦理的论文，而是这样一种观点，即当代（以及 17 世纪）资本主义的激励与促进机制并非根植于增量资本积累的物质主义领域，而是根植于思想和制度结构领域。

斯托尔很欣赏韦伯的《新教伦理与资本主义精神》（*The Protestant Ethic and the Spirit of Capitalism*）。我对此书也很感兴趣。这本书担得上社会科学领域最伟大的百本著作之一。也许它能排到前 20 名。斯托尔准确地提炼出了书中的 5 大主题。但是，自 1905 年以来，只有一个主题——也就是"资本主义"展现出了其形式上的多样性，并且经受住了来自历史学与经济学的双重批评。这些批评的声音与斯托尔极具热情的辩驳是互相矛盾的。斯托尔对韦伯关于加尔文主义的思考做出了数篇公正的评论，他在每篇评论的结尾都这样总结道：毕竟《新教伦理》只是个初步的草图。嗯，确实如此。韦伯等人对企业家精神的研究存在一个关键缺陷，即他们将企业家精神等同于资本，或者一群有事业心的人，而不是一种文化层面的嵌入性实践。嵌入的内容决定了植物是否能正常生长。一个蔑视或是惧怕商业化验证改良的社会是无法孕育出企业家精神的，无论其中有多少前途满满、有勇有谋的人。

诚然，不同的市场社会——从旧石器时代中期通过装饰性贝壳进行贸易，到俄罗斯式的"国家资本主义"（左派称这是在替斯大林主义转嫁责任）——是由不同的"精神"所支撑的。马克思称其为意识形态。但是，现代"资本主义"的真正灵魂，或者说意识形态，并不是所谓的新教伦理，也不是贪欲或是"商业化"的兴起，而是对商业化验证改良的推崇与接受。这种新态度【盖斯特（Geist）所说的"精神"】给经济发展带来了巨大的影响。韦伯的话，即便没有表明他的实际意图，但也是很贴切的："资本主义出现在了中国、印度、巴比伦、古代世界以及中世纪……（但是）这些情况下的资本主义都缺乏那种特有的（现代）伦理。"韦伯认为这种伦理是商人对其最终目的的"无尽"积累（对商人的诽谤可以追溯至亚里士多德）。他错了。这种伦理是对改良、新鲜事物、冒险精神和创造性行为的全新推崇。简而言之，创新主义——正如斯托尔所说，指的是在元旦当天去拿骚市的海湾街举行贾卡奴游行的那种精神。无论如何，是上层建筑（韦伯和斯托尔在这点上的论断很准确）的变化导致了基础性的变革。而不是反过来。

* * *

想一想斯托尔很可能会赞同哪些更广泛的理由，并因此而开始质疑新制度主义。诺斯恳切地敦促我们（他在 2005 年就曾这么做）关注过去几十年间发展起来的有关新颅相学的"大脑科学"。

然而，就像大多数人谈到这个问题的时候一样，他忽略了三千年以来，人类借由诗歌、史诗、小说、语言学、修辞学、哲学、民间传说以及大部分社会历史所展开的种种交流与对话。可以说，新制度主义在界定游戏规则概念时的深刻肤浅之处在于，规则始终处于讨论之中，在那三千年里是，现在也是如此。比如，"胡同里的人"（People in the Hood）争论说你不该和警察说话。警察努力改变"不告密、不与'人'合作、不管他人闲事"

的社会语境。你可以看看电视剧《火线》来了解这方面的知识。人们经常以凯林与威尔逊推崇的破窗策略为例，来解释新制度学派与萨缪尔森学派是如何热衷于改变激励机制及约束条件。但事实并非如此。破窗策略的例子同时也说明了人们在试图改变对话语境，改变我们在看到一名女性被当街抢劫的时候会对他们说的话，"嗯，这地方真不错。这儿肯定有很多人巡逻'或是'发出惊呼。这里的东西真好。我最好听我妈的话，做个好人"。但我注意到，长期看来，它带来的效果是警务系统对胡同的过度警戒，以及因为警察的暴行及人们对政府法规的抵抗所带来的灾难性后果。

在这方面，你需要了解一下哲学家约翰·塞尔（John Searle）在过去几十年间所做的工作，这些内容被整合在他 2010 年的著作《创造社会世界：人类文明的结构》（*Making the Social World: The Structure of Human Civilization*, 2010）之中。他写道："神说'要有光'！于是便有了光。好吧，虽然人类不能创造出光，但我们也有类似的超能力。"按照塞尔的不当描述，人与人之间的这种魔力是借由"地位功能"（status function）来完成的，也就是说，某人（比如总统）、某物（比如一张 20 美金的钞票）或是某个实体组织（比如一个有限责任公司）依靠社会协议实现某种意义性目标（在这里，斯托尔、塞尔和我一同反驳了行为社会科学的观点）。这里的关键公式是：在 C 语境下，X 即为 Y。在踢足球的语境（C）中，当足球（X）越过球门线，则视为进球（这在塞尔的理论中是一个老例子）。

塞尔坚持认为，一切"地位功能"都需要借由语言来实现。

他写道："如果没有语言，就只存在前语言的意向状态，比如欲望、信念及人们对它们的处理。"你会注意到，这些就是经济学家所说的效用函数和约束条件。经济学（我注意到，这一点与大师亚当·斯密的观点是相反的）已经被彻底定性为一种前语言的学科。在马克斯·韦伯和萨缪尔森的理论中，语言并不重要。重要的是欲望、对欲望的处理，以及利用权力来制定预算限制。然而，塞尔指出，这些权力恰恰来自语言。"要认识到一项义务之所以是义务（比如，只买预算范围内的东西，或者不偷盗），你得有义务的概念，因为你首先得把某件事物表述为义务，也就是说，你要给自己一个独立在喜好与欲望之外的行动理由（对比斯特尔所阐述的舒茨）。"注意这些词汇：认识、概念、表述。当人们认为经济学不必依靠语言时，它们是不起任何作用的。经济学里的博弈论观点等同于赞成：我们无须使用语言及经由语言所创造的意义和说服力。只要闭上嘴玩游戏，了解你的预算限制和喜好即可。塞尔、斯托尔和我不赞同博弈论者的观点，塞尔说："博弈，以及其他非语言的制度现象只能通过语言来得到解释。你不能以游戏做类比来解释语言，因为你得先理解语言，再理解游戏。"

在 C 语境中把 X 当作 Y，这看起来微不足道，一个比喻"而已"，一种探讨"而已"。塞尔认为，事实就是如此。它只不过是一个"语言制度下的事实"，就像"所有未婚男子都是单身汉"。在一个人未婚的情况下，把他当成一种叫作单身汉的东西，这里的语境，是不关心社会中的"婚姻"到底为何物，以及你属于说英语的人群。但是，当语境 C 和做判断的人之间存在某种约定俗成的惯例（本身就产生自语言），并能产生语言之外的力量时，把 X 当作 Y，就变成了一种"非语言制度下的事实"，其所导致的后果（"权力"）也会超越纯粹的语言。语言规定了"单身汉"一词的含义，但产生强大后果的，比如"单身汉 X 可以和一名女性结婚（现在和男性也可以）"，是语言之外的环境。

意义，是语言唯一的内在力量。这也是斯托尔的论点。如果我答应写一篇文章来回应斯托尔的书，这种答应的行为意味着……嗯……我在此保证对此书进行评论。但是如果外在语境包括这个编辑是我的某位要好的朋友，而斯托尔也是，那么这份承诺，与语境 C，也就是有关我生活与爱情的故事结合起来，就会产生一种超越意义的力量。它给了我一个独立于偷懒和欲望之外的行动理由，也就是承诺和美德。

塞尔说："一旦一群人拥有了共同的语言，他们就拥有了一个社会。"没错。因此，随着语言的变迁，人们所处的社会类型也会变化。正如维特根斯坦所言，语言游戏决定了生活的方式。当"诚实"从一种贵族荣耀转变为一种资产阶级荣耀，我们可以做的交易，以及我们可以支持的行动种类，都会发生变化。在贵族社会里说一个人"不诚实"，会引发次日清晨的一场持剑决斗。而在资产阶级社会中说一个人"不诚实"，则会带来一场针对诽谤的诉讼。

经济创新仅在资产阶级时代才"算作"（用塞尔的词来说）一种荣耀。或者确切地说，在贵族时代，未经市场验证的军事创新才是荣耀。没人会问一架新生产出来的战争机器是否能为国家赚到钱财。同样地，现代教士，那些"优秀"的假贵族，他们也以非金钱的方式来衡量本群体的功绩。名义上的荣誉学位比高薪更有价值。我曾目睹过一次学术职位候选人的选拔讨论，在讨论中，考官们无视一位候选者的大量优秀学术成果，仅因为他出版了一本畅销书并因此获得了成功而拒绝录用他。无论如何，利益使虚伪权贵变得肮脏，如果他不能很好地隐藏这种肮脏的话。

塞尔需要一个由我自创的词，即"猜想的"（conjective），它既不是客观的也不是主观的。他写道："制度上的事实是典型的客观事实，"他的意思是说，它们是人必须要承认的事实。举个他最喜欢的例子，一张20美元的钞票可以买到价值20美元的东西，这在我们的生活中是人人深信不疑的事实，就像如果你松手，钞票就会掉到地上这样的物理事实一样（而在它落地之后，纯粹物理学——塞尔所说的"野蛮事实"——认为它会掉到哪里去呢？一个错误的预测。正如张五常很久以前向我指出的那样，在经济学的预测中，会有人把它捡起来，但这一点，仅凭"野蛮事实"，以及地面上的物理均衡法则，是看不出来的）。他继续说道："奇怪的是，'制度事实'包含的只是那部分得到了人类同意或是接受的事实。""人类同意或是接受"恰恰就是我所说的"猜想的"东西，而不是那种纯主观的，像塞尔所说的"意图"，或是"采取第一人称单数形式"，再或者是"在上帝眼中客观存在的"（"野蛮事实"或者"独立于观察者的"）东西。"猜想"指的是大家都知道的东西，它是人类同意或接受的结果。它的拉丁文是 cum+iactus，也就是"扔到一起"的意思，就像人类这样的哺乳动物间的拥抱一样，尤其是在彼此的对话中。它应该是我们都知道的东西，也是斯托尔想要证明以及需要知晓的东西。

　　塞尔极其雄辩地论证了，一个社会，就是依靠这种 X 在语境 C 中即为 Y 的猜想式事实黏合在一起的。在《非洲皇后》(*African Queen*)的结尾处，德国上尉说道："我宣布你们结为夫妻，请继续行刑。"在一个被恰当组织的婚姻庆典语境下，亨弗莱·鲍嘉(Humphrey Bogart)与凯瑟琳·赫本(Katherine Hepburn)就算是结婚了。在美国境内，一张 20 美元的钞票算是一种法定货币。在足球比赛中，当球越过球门线就算是进球。

　　当然，正如文学评论家及公知斯坦利·费什(Stanley Fish)常说的那样，这种猜测性事实总是可以质疑的。客观事实（水由两个氢分子和一个氧分子组成）或主观事实［贝克·汉姆(Beckham)打算进球了］是不容置疑的。有关世界的物理事实，以及人类思想的心理状态，都是"蛮横的"，用塞尔的话来说，就是在其本质上是不容争辩的，正如哲学家所说的"本体论"。诸如重力和效用函数这样的物理限制，就像我对香草冰激凌的热爱一样，一旦我们掌握了它们的本质，它就是不容争辩的事实。我们所能做的就是测量它们或其影响，如果可以测量的话。

　　相比之下，猜想总是可争论的，而且在某种意义上，它们总是符合伦理的，它有关于"义务状态"，就像塞尔说的，它关系到我们应该做什么。如果牧师或者上尉没有得到适当的授权就去主持婚礼，那他们可能就会遭到议论（看看关于同性婚姻的争议），有关"美国领土"的概念也可能是模糊的（海外使馆）。足球比赛里的进球也可能会有争议。如果球的任意部分擦边压中了球门线，这球能算是进了吗？边线员是否有资格做出判断？诚然，在人类谈话的层面上，客观及心理事实也是存在争议的，因此，正如哲学家迈克尔·奥克肖特（Michael Oakeshott）和希拉里·普特南等人的观点，它们受制于我们所应信仰的伦理戒律。在这些观点上，斯托尔的理解又领先了大多数经济学家一大步。但我们有共识的是，事实本身是独立于任何观察者而存在的。相比之下，并不存在任意规则可以让科学具备绝对的说服力：它们是依据其本体、性质讨论出来的东西。

那又怎样？

塞尔说，"创造制度事实"——比如由教授而非学生来领导课堂，行人在拥挤的人行道上要靠右行，或者伊丽莎白（Elizabeth）是英国女王——需要依靠"一个正式的语言机制"。制度事实带有执行力，它"为我们提供了独立于喜好及欲望之外的行动理由"，比方说，由教授来领导课堂的（公认的）责任，在拥挤的人行道上不被撞到的（公认的）权利，或者伊丽莎白行使其顾问角色的（公认的）权力。

制度主义经济学家将这种机制称为"约束"，或是游戏规则。但塞尔借用他对社会学创始人之一埃米尔·涂尔干（Émile Durkheim）的理解指出，"一些社会理论家把制度事实看成本质上的约束。这是大错特错"。涂尔干是否犯了这种错误，我们不得而知。但是道格拉斯·诺斯和他的同事们肯定会这么做。塞尔认为，制度的功能不仅仅是调节已有人和物之间的关系。它们涉及那些重大的后果，比如资产阶级重估后所发生的一切，以及在人与人之间打造全新的权力关系。这就是"地位功能"的神奇之处。美国人在 1776 年 7 月 4 日宣告独立，从此，乔治王及其从前的臣民之间就形成了一种新的权力关系。

换句话说，制度，比单纯的买冰激凌和付房租之间的预算限制要人性化得多。塞尔指出，规则分两种，一种是规范性的（"不要偷窃""靠右行驶"），适用于已经存在的活动；另一种是构成性的，它创造了活动本身（"遵守这些规则，你就是在'下棋'"；"以这种方式行事，你就是在'做一个传统意义上的资产阶级'"；"把一切都简化为无意义的马克斯·乌，你就是在做一个传统意义上的萨缪尔森主义者"）。它是语言，尤其是当我们综合了隐喻及故事，创造出寓言，并将其冠名为"制度"的时候。

简而言之，如果斯托尔的观点是对的，即经济科学呼唤意义，那么它需要的并不是游戏规则或者脑科学，它要沿着人文科学的道路一直走下去。

* * *

新经验主义奥地利学派以乔治·梅森大学为中心，其领导人，也是斯托尔的老师彼得·勃特克（Peter Boettke）认为，"尤其是在米塞斯及哈耶克笔下，价格理论是具备制度性的：他们将经济活动的发生框架置于优先地位。"但是，他们同时也把伦理框架放在了前面，而新制度主义（勃特克是支持的）就是依靠这个框架来实现的。勃特克写道："由财产、合同及合作意愿构成的制度框架，是价格及盈亏运作的基本前提。在竞争性创业市场的运作进程中，价格负责指导，利润负责吸引，亏损负责约束。"没错。但是，这样一个依照诺斯的思想而形成的新制度框架，并没回答是什么带来了国家财富这一核心问题。旧时的财富的确是由财产、合同及合作意向带来的，但这三者是老生常谈，也是广为人知的。而惊人的现代财富是由 18 世纪的伦理变革，也就是由重商主义与贫困向自由主义与创新的转变所引起的。希望这些价值观能长久地成为我们时代的主导意识。

经济学家需要从史学家那里了解没有了解到的东西，比如说勃特克在别处明智提出的"'斯密、熊彼特及愚蠢三者'间的斗争"，实际上在经验主义的奥地利经济学中是可以得到的。他的意思是，斯密的自由主义产生了效率，年轻时期熊彼特的自由主义带来了（更丰富的）创新，而我们在保护主义及产业政策的驱动下，仍然倾向于采用反自由的重商主义，因此既没有带来效率，也没有引发创新。正确的、基于证据的历史可以成为我们的行动指南。但是诸如诺斯详细讲述的那种错误的、仅为故事而已的历史，则会使我们在制定政策和理解经济的时候误入歧途。

1989 年诺斯 – 温加斯特论证中的核心历史谬误，是新制度主义对财富大爆炸所做的解释（非常遗憾，我曾经说过，斯托尔很欣赏这种论调，而勃特克更是全盘吸收了这一结论），它认为这一现象始于 1689 年。我和其他科学家已经做过说明，证据是显然的，并不是这样。然而，如果一个人受了诺斯的影响，又不去认真研究历史（事实上，善良的诺斯本人也没有），比如达伦·阿西莫格鲁，他就会不断地说，"财产，游戏规则，1689 年，你看，变！"

诺斯式的这种叙事型史学研究方法迅速传入传统经济学界，例如，2008 年，阿西莫格鲁就为《新帕尔格雷夫经济学词典》

（*The New Palgrave Dictionary of Economics*, 2008）撰写了一篇题为"增长与制度"（*Growth and Institutions*）的惊人文章：

> 想想中世纪欧洲的产权发展。没有产权的土地所有者、商人和原工业家。

不，一百年来，中世纪欧洲历史学家们一直知道。财产的发展是非常充分的，特别是土地财产和个人财产方面，就连落后的英国也是如此。当然，这一事实在意大利北部更显而易见一些，因为当地的各种财产，包括劳动力和资本在内，都具备了压倒性的发展优势。但是，即使是在偏远的英格兰，存在于大大小小的地块中的土地市场也在蓬勃发展。针对一切商品及生产要素的安全交易早在几百年前就发生了，这最迟从诺曼人及其律师开始，也可能它发生在国王法庭之外，从 13 世纪登记农民交易的利特法庭起就有了。自 20 世纪 50 年代以来，这一点已经成为英国中世纪学者的共识。爱德华·米勒（Edward Miller）在 1951 年写道："在 13 世纪初，（英国南部）农民阶级中存在着一个极其繁荣的土地市场……"近来研究中世纪英国农业的学者之一——布鲁斯·坎贝尔（Bruce Campbell）引用部分中世纪学者的观点指出："各类型佃户都是市场活动的积极参与者，他们从事商品交易，买卖劳动力和土地，并且进行信用交换。"但这并不意味着一切都运转得顺风顺水。坎贝尔认为，直到 14 世纪出现黑死病以前，英格兰的特点都是"因大部分地主实施了过度宽松的土地管控政策而导致了农村拥挤"。过度捕捞。但无论如何，坎贝尔的描述，参考的还是几十年来最好的学术研究成果，这与阿西莫格鲁提出的剥削及市场缺位的状况是相反的。它描述的几乎是农奴为领主负责的状况，而不是领主为农奴负责。大多数有关英国农民阶级的现代文献证据中都可以发现这样的结论，比如安布罗斯·拉夫提斯神父（Fr. Ambrose Raftis）所记录的农民阶级的开创性工作。

我们接着听阿西莫格鲁的故事。

对这个时代的经济增长是不利的。

不。缺乏产权与中世纪生产力的低下并没有什么关系。听听拉夫提斯是怎么说的：自 20 世纪 40 年代以来的中世纪史中，"习惯保有制度（也就是农奴制）不再是（英国）经济发展的桎梏，而是发展的工具……尽管受庄园制度的限制，但农民阶级的发展还是发生了"。

然而，阿西莫格鲁说，

因此，中世纪的经济体制没有对土地、物质、人力资本或是技术投资产生什么激励作用。

不是这样的。严格的经济意义上的激励措施在 1000 年到 1800 年间并没有改变，或者说变得不多。我们来看看伯曼（Berman，2003）和拉夫提斯（1996）的观点："即使在'最纯粹的庄园类型'中"，主要的惯常租户也（是）最活跃的经济主体

【要检验一个研究中世纪英国经济的学生学问是否到家，一个有效而又粗略的方法就是问他是否熟悉拉夫提斯的研究成果。有关这一点，可以看看拉夫提斯对罗伯特·布伦纳（Robert Brenner）的严厉批评。而阿西莫格鲁和在他之前的诺斯都没能通过这项检验】。

再来，

也没能促进经济增长。

经济增长并未发生（在俄国之外，甚至在俄国当地发生得都很晚）。但是增长之所以没有发生，并不是因为缺乏产权，而是因为缺乏大规模创新，缺乏资产阶级尊严与自由。

再来，

这些经济制度也确保君主能够控制社会中的很大一部分经济资源。

也不是。即使是在现代社会早期，按照当代或是某些古代标准来看，君主"控制"的比例也是很小的：大概占国民收入的5%（同样地，罗曼诺夫执政下的俄国或是完全暴政的莫卧儿帝国除外）。在皇室地产被出售之前，它会产生租金，这也会让前面的数字更高一些。但是这些来源于地产的租金收入，是对私人产权的一种肯定，而非侵犯（而任意一种形式的税收都属于侵犯）。贵族确实"控制"了很大一部分土地资源，尽管西欧的终身保有人也有大量土地，而被阿西莫格鲁看作是处于"君主""控制"之下的经济资源中的部分农奴，实际上在很大程度上是独立的——从 1348 年开始这种独立的规模就很大了——而且在更早的时候，他们就有能力出售自己的劳动力并且购买长期租用的土地了。但同样地，这里也有普通财产的概念和普通劳动力市场，这与卡尔·波兰尼（1944）以及诺斯及其追随者在近期所推崇的货物崇拜理念是相反的。

接着看，

巩固他们的政治权力，确保政治体制的延续。然而，在 17 世纪，经济制度发生了重大变化。

也没有。如果人们在这里所说的经济制度是指产权，那么相比于其他时候，17 世纪的英国并没有发生太大变化。财产，尤其是合同法的重大变革发生在 19 世纪，而不是 1689 年。

继续看，

政治制度也发生了重大变化。

终于有一些事实真相出现了，但这种情况只发生在英格兰、苏格兰以及波兰等其他几个地方：并不像他说的遍及"欧洲"。

由此为产权制度的发展铺平了道路。

并不是，我再说一遍（你真的有在听吗？）早在许多个世纪甚至几千年前，产权就已经在发展了。你可以阅读《圣经》《犹太人》《基督教》或是《古兰经》，又或者你也可以向古代近东专业的学生请教当时的商业惯例，因为我们可以从 2000 年前的楔形文字片中找到产权发展的证据。

最后，

也限制了君主阶级的权力。

这是事实，但它首先发生在荷兰，后来在英国，再后来到波兰与瑞典，而且它与所谓的新型财产安全无关，因为当时从约翰·汉普顿（John Hampden）到托马斯·杰斐逊（Thomas Jefferson）的所有纳税人所发表的自利言论，都是反对斯图亚特王朝及其继承人的适度征税政策的。当英国议会在 18 世纪建立起超然权力之后（按照梅特兰的说法），英国政府对国民收入的征税比例也没有下降；相反地，它大幅增加了税收，并以此来对抗法国人。

简而言之，阿西莫格鲁在每一个重要的细节上都犯了要命的历史性错误，就连他的大主题也是完全错误的。他在某段中成功兜售了十来个幼稚的非学术性历史故事，是这些故事主导着他的思维。

然而，这并不是他的错。他所请教的几位经济史学家，特别是诺斯，都向他传递了错误的历史信息，因为以诺斯为首的这些人从未咨询过那些参考了原始资料的史学家，而对于 19 世纪德国浪漫主义史学家及社会学家所讲述的有关中世纪旧时代，以及所谓现代理性崛起的故事，他们也并未表现出充分的质疑。

再说一遍，问题在于欧洲的大部分地区——就这点而言，也可以说是中国或者印度的大部分地区，更不用说是易洛魁人或是科伊桑人，在他们需要的时候——在公元 13 世纪，甚至在公元前 13 世纪，都有可靠的产权保护措施。比如说，中国几千年来都有可靠的土地及商品类财产的保护措施。而在新制度主义者所说的欧洲的财产法保护方面突飞猛进的那几个世纪中，也有大量的证据可以表明，同时期的中国和日本同样有措施确保财产安全。诚然，在蒙古人（元朝，1279—1368 年）统治的短短一个世纪中，我注意到，他们非常希望把这种保护不良产权的反经济主义落实到位，比如说禁止秋种，以便为蒙古马提供充足的牧草。但即使是蒙古人也很快意识到了，繁荣富强并且尊重财产的中国才是真正有利可图的摇钱树。在明清时期（1368—1911 年），财产法及合同法无论在高层还是底层都得到了执行，这点与史书中对大部分中国历史时期的记载是一样的。比如，直到 19 世纪，西方基督教国家的商人们都得忍受海盗的欺辱，或是会在去旧旅馆的途中遇到骑着马的路霸，但近几个世纪以来，当他们在君主制度下的中国及德川幕府时期经商谋利时，他们的安全似乎比以往更有保障。乔叟（Chaucer，英国作家）笔下的商人在 1387 年许下心愿，"希望海上不再有（海盗），以便保障我们在米德尔堡（在荷兰泽兰）与奥威尔（在林肯郡）之间往返时的行程安全"，因为中国人、日本人、阿拉伯人和奥斯曼人长久以来就是那么做的，尽管过程并非一帆风顺，或者事实上政府有时会出台一些比欧洲重商主义更疯狂的政策。中国的皇帝并没有利用他的优势船只去驱赶海盗，他选择通过减少海岸线人口的方式来打败他们。正因如此，明朝皇帝才会出台一系列的反经济政策。欧洲以外实行保守主义的地区经济，与北海周围逐渐实现自由化的地区经济状况形成了鲜明对比。

第八章

换言之，新制度主义与其他行为实证主义一样，都无法在历史与经济学中奏效

和老牌马克思主义者及基督徒一样，萨缪尔森经济学家中的新制度主义者也希望存在这样一种理论，如果有可能的话，它能让他们在 1700 年就画定未来的样子。尽管作为合格的经济学家及经济史学家，他们当然明白财富大爆炸现象的规模之庞大是如何超出了常规，但他们仍然希望能以制度为理由来讲述这个故事。

　　我曾说过这点。新制度主义者所指的"制度"并不是其他社会科学家们提到的那种诸如婚姻、市场或是这里的语言制度，它不是那种反映人类生活的好坏律动，充斥着无尽的人类意义和即兴创作的制度。正如梅·韦斯特（Mae West）所说："我赞美婚姻习俗。但我还没有准备好接受它成为一种制度。"规范指的是道德层面的说服力，它能屈能伸，可争论，可解释。而规则指的是：比如在印度，贿赂是非法的；或者在埃文斯顿市中心，乱穿马路是非法的。瑞典的贿赂规则可能与印度相同，而下萨克森州、不来梅港市关于乱穿马路的规则则与伊利诺伊州埃文斯顿相同。区别在于伦理道德层面。

英国小说家及散文家蒂姆·帕克斯（Tim Parks）自 1981 年以来一直在意大利的大学任教，他指出，"这很不同，意大利总会定期开创出一些……不确定的领域：这时候法律（比如，持票坐火车）要如何适用呢？"这种"模棱两可的规则文化"看起来是"服务于这样一种目的：把你拽进一种仇视与怨恨的心态……只要你觉得自己受了委屈，你就会成为（意大利）社会中的一员，然后在华美的剧院中模拟部落冲突（的游戏）"。他举了一个"il furbo"（意大利语中指"狡猾的人"）的例子，一个狡猾的人在火车站插队买票，他的这一行为如果发生在德国，会受到祖辈的责骂，如果在美国，则会被合法持枪者袭击。守法的意大利人对此嘟嘟囔囔叫苦不迭，但他们却不采取有效措施来保护排队公众的利益。相反，他们会心生怨恨，并因此而有理由在别处效仿这种行为。

经济学家经常用另一个名字来称呼"伦理"，也就是"强制"。这个新词具有第三方干预的味道，这在某种程度上使"强制"的行为看起来合法化了，但它也并未减少一个组织在运营时对于某种伦理信念的崇拜，无论是塞尔的"地位功能"，斯托尔的"意义"，还是艾伦的"荣耀"都是如此。"规范"是一回事，而"规则"是另一回事。新制度主义者将这两者混为一谈，因而也使他们的论点看起来好似一团糨糊。我注意到他们在最后说："社会变革取决于社会本身。"我想是的。如果"非正式的约束"是一种"约束"，那它就不可能是非正式的；如果它是非正式的，那理论就会变成一种无谓的重复，因为现在任何人类行为都要被划定在"制度"的标签之下。

新制度主义者并没有发表什么伦理学的高论，因为他们压根瞧不上公元前 2000 年以来的诸多伦理学文献，也懒得回头看看有关语言修辞学的人文科学文献。正如我所关注到的那样，作为经济学家，迈克尔·詹森研究的哲学根基是相当稚嫩的，他将实证与规范机械地割裂开来，而我们在社会科学中的大部分成年生活都处在这二者的交叉点上，他们不屑于将伦理学认真纳入他们的历史及经济学研究之中。正如他们当中的一个人亲切地对我所说的那样："伦理学，无非就是一些死板的图表。"他会拒绝人工智能研究的最新举措，也就是让机器来阅读人类历史、文学及政治文献资料，进而从人类行为中推断他们的价值观，实现"价值调整"（诚然，更快的方法可能是打开你的莎士比亚副本）。

我在前面提到过中世纪英国经济史学家詹姆斯·戴维斯，他的结论恰恰相反，"如果历史学家不能正确理解市场道德及社会习俗，他们就无法理解正式制度究竟带来了哪些影响，"比方说《面包法》，或者是行会的规则。戴维斯写道："在中世纪的英国，务实的道义经济……并不是制度与文化信仰的简单、有效的结合，而是随当时环境变化的既得利益、实用主义、理想主义的热烈而复杂的混合，"从市场压力到牧师讲道莫不如此。欧洲文艺复兴时期，佛罗伦萨的银行家会提供资金大力支持圣化艺术的创作和建筑的修建，其中必定有牧师的功劳，是他们告诉这些银行家，"你们会因为发放高利贷的罪过而下地狱，要阻止这件事发生，你只有这一次机会"。

政治经济学家吉多·罗西（Guido Rossi）和萨尔瓦多·斯巴

拉多（Salvatore Spagano）振振有词地指出，在没有印刷厂（可辅助印刷物生产及传播）的时代，通过进化逐渐形成的习俗是可以很好地发挥（传播）作用的，但黑体字法的出现让知识变成了对各方而言都公开化的东西，并因此提升了效率。这个论点当然无可厚非。但是，正如罗西和斯巴拉多或许会承认的那样，它也给经济中无法用文字记载的博弈、习俗或者伦理领域留下了巨大的空间。是的，就像罗西和斯巴拉多所说的那样，有时我们把习俗/伦理写下来，是为了通过澄清的方式对其进行改良。有一个古老而保守的平行观点，它认为成文法是具备教育功能的。但是黑体字母可不比黑体数字，它们永远不会自动生产出解释。

经济学家希望窄化"制度"一词的范围，以此适应他们对制度概念的界定：比如舞蹈可以被简化成制式的舞步，比如在条件受限的情况下实现效益最大化，以及那些众所周知的严苛的游戏规则，而制度，指的就是这当中的约束条件。一、二、三：脚掌换步、擦地、擦地、换边、跳跃。的确，比尔·罗宾逊（Bill Robinson）或是费雷德·阿斯泰尔（Fred Astaire）的部分踢踏舞表演之后看起来确实就是这么一些制式的舞步动作。但如果不是罗宾逊和阿斯泰尔在表演，它们就是一堆垃圾。如果舞步没有与那种自然的摇摆相结合，那它就什么都不是。

我明白价格理论的逻辑：人们被价格与财产要素所驱动，被那些有关谨慎、价格与利润的变量——或是我所说的马克斯·乌的动机所驱动，这些都属于世俗的现实变量（P 变量，都以字母 P 开头）。但这里的重点是，人们还会受言论、故事、羞耻等神圣变量（S 变量，都以字母 S 开头）的驱动，也会受国家对强制力的垄断、法定游戏规则以及法庭上的法理抗辩等 L 变量的驱动。大部分行为，是要综合 P、S 以及 L 来共同解释的，打个比方：

$$B = \alpha + \beta P + \gamma S + \delta L + \varepsilon$$

这个等式并不空泛，更不缺乏原则或者科学性。变量 S 和变量 L 是变量 P 发挥作用的条件，而变量 P 则改变了变量 S 和变量 L 的影响效果。这是理所当然的。

例如，我刚才提到的法律具备教育作用这一保守论点，这里我们可以用一个独立的等式来表述 L 与 S 之间的因果关系。或者再比如，如果哈德逊湾公司给到加拿大原住民的海狸皮价格足够高，海狸的数量就会枯竭，这与 P 逻辑是一致的。当然 S 逻辑也是很重要的，它使 P 逻辑具备相关性。正如经济史学家安·卡洛斯（Ann Carlos）和弗兰克·刘易斯（Frank Lewis）所做的解释："印第安人的'好撒玛利亚人'原则中有关狩猎取食及其他方面的习俗，都延缓了强有力的侵权法案以及毛皮动物产权法案的问世；哈德逊腹地周围地区的冲突使得人们无法继续在当地安居乐业，还有他们对于慷慨的态度，甚至是对轮回的信仰，可能都起到了一定作用"，这与能将海狸储量保存在当前水平下的 P 逻辑是相抵触的。制度主义者约翰·亚当斯把市场视为一个"制度化的过程"，这是对的。制度属于 S 变量，过程属于 P 变量，法律限制属于 L 变量。或许有些时候会出现相反的情况。但无论如何，这种情况是经常出现的，而且对所有假设而言都是如此。

你可以随心所欲地进行技术分析。比如说，从经济学角度讲，如果变量 P、S 以及 L 是非正交的，也就是说，它们之间不是完全独立的，或者说，如果我们有理由相信像 PS 这样的综合变量有其自身的影响，那么忽略 S（或 PS、PL）去做系数估计，结果就会有偏差。假如变量 S 非常重要的话，这种偏差的影响就会很大。另外举个例子，如果法律会依据市场的变化进行调整，变量 L 就会受到变量 P 的影响，那么我们对变量 L 外部效果的归因就会出现偏差——这是常有的。考虑到许多制度的明显内生性，这个例子非常重要。想想为什么传统伊斯兰法中没有相关公司的条款。

* * *

我说过，经济学家有关效率提升的说法是无法解释财富大爆炸现象的。首先，如果他们设想中的这种激励措施只需稍稍改善一下就能带来非常显著的影响，那么它们在其他社会的改善场景中应该也会奏效，比如宋代的中国或是罗马帝国，但事实上，以上两地的实际人均收入只增加了一倍。其次，如果仅凭激励措施就能干扰合理分配的进程，那么都不需要熊彼特、哈耶克或者柯兹纳，只要在规定的审美和技术水平下，按照萨缪尔森的方法以 100∶1 的价格进行重新分配就可以规避这种干扰，甚至可能在早几千年前的某时某地，这件事就已经明明白白地发生过了。发起一场自由主义革命，原本应该就像在一个日均收入 1 美元、3 美元或是 6 美元的社会里看到一张百元大钞那样显而易见并且令人神往，这在今时今日是不容置疑的事情，但当时紧握权力的精英阶层却忽视了这一点，除非印度与中国能够意识到经济自由可以带来富裕，否则它们就会永远对此视而不见。财富大爆炸现象以其非同寻常的规模告诫经济学家不要再依赖那种常规激励机制的逻辑。当然，造成这种现象的原因应该是欧洲西北部高度特有的（在一段时间内），而不是那些在大部分文明中都普遍存在的有关旧事物再分配的传统议题，比如识字率、私有财产、法治、廉价的交换以及可预测的投资。

不过，假设在慈善活动中激励机制会部分失效，这是仅依靠 P 逻辑的新制度理论的论调。我再说一遍，高级的慈善思维应该是这样的：除了谨慎之外，其他美德也很重要。意识形态、修辞、公共领域、公众理论，全部都很重要。科学革命在很大程度上讨论的就是这种非谨慎的力量，尽管它直到很久以后才充分涉足经济领域。正如天主教经济学家斯特凡诺·查马尼（Stefano Zamagni）所言："现代经济的发展并不是因为我们采用了更强效的激励措施或是做了更合理的制度安排，主要是因为我们创造了一种新的文化。"或者就像印度商人及公知达斯（Gurcharan Das）所言："（受经济学家所提出的马克斯·乌思想影响的）社会科学家认为治理失败是一个制度问题，他们说，解决的方法在于改变激励机制的结构，以强化问责。的确是，但这些失败也存在道德层面的原因。"19 世纪的美国是很腐败的，甚至在今天的伊利诺伊州与路易斯安那州，这种腐败仍然盛行，意大利人和印度人在看到这一点后会提出这么反制度的观点，一点都不奇怪。他们见证了新制度的惨败，比如意大利在国家与社群之间插入了一级政府，还有印度，它在 1991 年以前对经济生活的每一个细节都严加管控，而这些政策都遭遇了破产。

政府制度的优化并不能解释大部分现代收入水平提升的状况，不过它们可以解释墨西哥奥哈查和南非兹考鲁那塔尔两地最令人沮丧的区域性治理失败案例。例如，新西兰政府的治理是公正而有效的，意大利则不然。在经商便利度方面，新西兰在 2010 年和 2012 年（分别在 183 个和 185 个国家中）排名倒数第三。意大利在 2010 年排名第八十位，略低于越南；在 2012 年排名第七十三位，略低于吉尔吉斯共和国。根据 2012 年的全球清廉指数数据，新西兰在 173 个国家中名列第一，是治理最为廉洁的国家。意大利是第 72 位。在 2009 年的经济自由度排名中，新西兰在法律体系一项上排名第一，在免于监管的自由度一项上排名第五。意大利在法律体系一项上排名第六十三，仅高于伊朗，在免于监管的自由度项目中位列第九十四，仅高于多米尼加共和国。任何有理智的意大利人都会告诉你，意大利的公共制度是很糟糕的。

然而，在人均实际 GDP 方面，2010 年的新西兰和意大利相差无几，分别为每天 88.20 美元和 86.80 美元，略高于汉斯·罗斯林（Hans Rosling）所说的"洗衣线"（Washing Line），即人们开始购买洗衣机的点。经济学家所认为的效率并不是财富大爆炸产生的最大原因，那些前所未有的、导致劳动曲线边际产值放大的新颖改善措施才是最大原因，比如拉链、沥青马路、廉价螺丝和螺栓、纸板箱、水管中的下水井、能打开的纱窗、中学教育的普及、计算机与互联网——即便是像意大利这样治理水平低下的经济体也可以采用这些改善措施，并且获得令人满意的效果。

* * *

自由和尊严是不容易实现的。它需要我们接受商业利润的设定，拒绝部落保护主义，抵挡听似合理的"计划"及"监管"的诱惑，并且接受妇女、穷人及低地位种姓平等的意识形态，这些观念在传统社会甚至部分现代社会中都遭到了强烈的抵制。正如法国经济学家就马达加斯加的缓慢增长所作的叙述："尽管马达加斯加人民自以为活在民主原则之中，但他们仍然纠结，纠结着到底是要顺应民主和任人唯贤的本质要求，还是被迫遵循沿袭下来的传统价值观，去尊重现实中及象征性的等级制度。"神奇的是，法国本身，或者被荣耀渲染着的英国，都是处于严格管制之下的，这绝非偶然。另一个例子是对俄罗斯和中国政府治理水平的对比，这两个国家，一个有着上千年的贵族承袭史，另一个则有着上千年的考试选拔史。这也就难怪，为什么俄罗斯的等级制度都是世袭制的；而中国共产党则始终坚持任人唯贤，并且因此取得了相应的经济成果。

在任何情况下，如果法官腐败，大律师缺乏职业自豪感，公众对整个司法系统不屑一顾，那么就算建立起类似英国的那种法院，甚至比方说，给大律师提供假发，那也是不够的。只是引入这么一种制度并不足以改善法治状况。还可能使它恶化。达伦·阿西莫格鲁与詹姆斯·罗宾森尝试在印度引入打卡制度来消除医院和护士的缺勤现象。负责该实验的经济学家确信，"正确的制度"所带来的赤裸裸的激励是可以见效的。但事实并非如此。护士与医院里的上级合谋，继续旷工。阿西莫格鲁和罗宾逊得出结论，认为是"促使市场失灵的制度结构"引发了这种错误。并非如此。持续的旷工现象与制度、激励措施或是市场失灵都不相干。经济学家胸有成竹地从世界银行的传统工具箱里提取了一种绝对正确、不折不扣的新激励制度，结果却还是出了错。错就错在许多护士是缺乏职业道德与自尊的，但这是本行业从业者都应具备的一项素质，比方说大多数菲律宾护士就做得很好，这也是他们能在全球医疗机构中都广受欢迎的原因。人也会受到 S 变量（言论、故事、羞耻）的驱动，但打卡控制实验只考虑到了 P 变量（谨慎）。

阿西莫格鲁和罗宾逊没有看到，真正失败了的，是 P 逻辑，是马克斯·乌的"制度添加——扩大影响"的理论。他们总结说："问题的根本原因在于'攫取性制度'。"但恰恰相反，问题的根源在于道德上的失败，在这种情况下，任意一套制度化的激励措施都无法很好地发挥作用，攫取的现象会持续存在并且不断增加。制度（比如打卡措施及管理实践），及它们假定提供的激励措施——就像迷宫中的老鼠一样——并非问题的症结。症结在于许多护士及其上级领导存在道德瑕疵，他们不能公正旁观，同时又有专业精神上的缺陷。

经济学家道格拉斯·科特（Douglas Coate）曾写过一篇论文来讲述旧金山是如何从 1906 年的地震中迅速恢复过来的，他在文中指出：该市现有的（及腐败的）政府制度都被推到了一边。要塞驻地军队及一个由商界和民间领袖组成的委员会负责接管——军队在废墟上进行了长达 73 天的巡逻，科特认为这完全是个"法外之地"。他还在结论中不无赞许地引用了优秀的传统经济学家杰克·赫舒拉发（Jack Hirshleifer，1925—2005）的话："历史经验表明，一个地区能否（从灾难中）恢复，取决于当地政府是否具备利用支持经济分工的市场体系来维护或归还产权的能力。"这又错了。拯救这个城市的是军队及委员会的道德觉悟及崇高精神，而不是"（合法）政府的能力"，这就好比 2005 年的卡特里娜飓风，在那期间及之后拯救新奥尔良的部分原因，是诸如沃尔玛和家得宝这样的营利性企业的快速行动，而不是任意一级政府机构。在这两个案例中，如果只是依靠现有的正式制度，其结果将是机构的进一步渎职——正如新奥尔良的警察部门及纳金（Ray Nagin）市长办公室的渎职一般。

我们的新制度主义者奥利弗·威廉姆森（Oliver Williamson）在对政府官僚机构——"公共机构"——的反思中，将道德称为"廉洁"，也就是"在履行……交易时的忠诚与正直"。和所有合乎体统的萨缪尔森主义经济学家一样，威廉姆森也希望将道德还原为激励措施，"廉洁问题可以通过治理结构的优化得到缓解，因为这些结构具备非常可靠的响应能力"。他所想表达的是，在激励机制的作用下，任何人都不需要真正地具备"廉洁"的品质。他声称"廉洁问题"只出现在"极端情况下"。"对违反廉洁行为的更恰当的描述应是不可宽恕的无能甚至背叛。在极限情况下，这种违反行为可以叛国罪论处。"他近期对于伦理的思考存在一个常见的错误，就是他认为伦理只涉及宏大的议题（"极端"），比如谋杀、堕胎，或是会计工作中的公然欺诈，你也许会说，这些都是《纸牌屋》（House of Cards）里的例子。但是，伦理也关乎日常的善意及专业精神，正如会计师的兢兢业业，又或是教授的实事求是。

正如经济学家对"品位无可争辩"（de gustibus non est dispu-tandum）这一教条的拥护一般，威廉姆森一再声称，伦理的变革只可能以缓慢的进度发生。我已经看到了这种论点在新制度主义当中是何其普遍。但是,这种说法并无历史或实验证据。有的时候,伦理(正如我所说,它是变量 S 及 L 的一部分)的变革是极其迅速的。有时它也不是。你得学会清楚地辨别。公元前 1 世纪末的罗马国家从共和制伦理转向帝国制伦理,这个过程并不缓慢。16世纪初的大量西方基督教伦理也经历了变革,这种变革也不缓慢,在很多地区,它们只用了几个月的时间就从宽容的放纵制度转变为了严苛新教的会众羞辱制度。

而此处最重要的一点在于,18 世纪末的英国逐渐从蔑视市场与创新转变为赞美这二者,这个过程也不缓慢。事实上,在 18世纪里发生快速变革的就是伦理(不仅理解为个人道德,还包括社会所认为的光荣与不光荣的事物),而不是制度环境。当一个时间旅行者从 1630 年或是 1730 年的英国穿越到 1830 年,除了(彻底腐败的)议会的超然权力及(彻底腐败的)国王权力的弱化以外,他不会对当时的任何制度安排感到惊讶。法院还在照着过往的方式运转(狄更斯的吟诵:"这里是衡平法院")。产权演进并无变化。1830 年的刑法仍对穷苦大众怀有强烈的敌意。公司法等制度改变发生在伦理变革之后,而非之前。

意识形态的变化为我们引入了一位新的无偏旁观者,并以此监督众人的思维及讲述习惯。缺乏伦理支持的制度一如蛋糕上的糖霜,虽美味可口,但可有可无。无论是在芝加哥公交司机要承担职业责任,关心全车 60 名乘客的生命安全这样的小事上,还是爱荷华州的政客必须抵制公路建设公司的贿赂行为这样的大事上,都应坚持这一点。依据欧洲兴起的平等主义思想——公交司机、政治家、教授及家庭主妇都觉得自己负有同等责任——打破原有习俗的"蛋糕"。令人惊讶的是，"解放人类，使其高贵"的想法使得历史上的英国人、日本人和美国人都变得极其富裕，是它带来了劳动边际产值的激增。

第九章

当新制度主义在哲学及历史领域失能

新制度主义经济学家并未真正接受思想可以独立于（有时）激励措施进而发挥作用这一观点。他们声称自己已经接受了，当有些傻瓜表达说自己还没接受的时候，他们便会很生气。继而又会不断地陷入简单的争辩之中，认为制度【我们用 N 来代表制度，因为"思想"（ideas）也是以 I 开头的】足以带来增长（G）。

$$N \rightarrow G$$

也就是说，（好的）制度预示着（积极的）增长。新制度主义者在实际科学实践中否定了许多真实论断，而这些论断不仅能从大量实证主义、行为主义及萨缪尔森主义的证据中被证为真，也可通过戏剧、小说、哲学、专辑和寻常人类经验这样的人文证据来确认其真实性。

$$N \text{ and } I \text{ and } f(N, I) \rightarrow G$$

思想，I，被看作资产阶级与工人阶级所遵循的合理并且相当有利的伦理观念，他们可以在自主交易活动中贯彻这些观念，也可以利用它们来尝试改进，比如蒸汽机或是《哈克芬》（*Huck*

173

Finn）中所说的"照亮全国领土"。同样地，制度（N）会被看做虽不完美但相当好的激励措施，比如允许发明邮购零售等商业行为或是照亮全俄勒冈州的领土。它还包括驱动理性选择的新制度主义的利益（第二个字母也是 N），正如阿西莫格鲁与罗宾逊的观点。（N, I）函数承认了思想与制度（及利益）之间存在相互影响关系。比方说，正如锡根大学的马克·麦克阿当（Mark McAdam）所言，"利益并非独立实体，但是，是思想塑造了我们思考利益的方式"。同样地，出于一种超越了物质利益的窘迫，以及无论如何，对为真理奉献的兴趣索然，《独立宣言》的开场白都给美国的制度带来了稳定的压力，它要求政府实现其所许下的有关实际平等权限的承诺。因此，这种情况贯穿了具备语言功能的物种的一生。从现在的这个例子中可以看出，18 世纪的英国，变化的是 I（思想），而并非主要是 N（制度）。与之相反的新制度主义历史的瑕疵，正如诺斯与巴里·温加斯特在 1989 年所发表的经典文章所言，直到故事后半段，英国的制度 N 都没有发生改变，是在 1832 年的《改革法案》之后，尤其是劳埃德·乔治（Lloyd George）在 1908—1915 年担任财政大臣期间，在财富大爆炸现象 G 发生很久之后，这一切才真正出现。

新制度主义者希望将人类行动还原为脱离思想及意识形态的物质激励状态。阿西莫格鲁和罗宾逊（2019 年）怀着对所用方法的无尽自豪写道："我们强调，各种结构性因素，比如经济条件、人口冲击和战争，它们会对国家和经济产生多大的影响，取决于国家与社会之间的普遍平衡状况。"而在第 31 页，它们又"界定了哪些结构性因素会增加零和竞争发生的可能性……我们强调了几个重要的结构性因素"。但当谈及原因时，他们主要考虑的是物质"结构"与博弈论规则，而不是思想。人类在他们眼中只是结构迷宫或狭窄走廊里的老鼠。就连研究动物行为的学生都在慢慢从笛卡尔的行为为利的教条当中抽身而出，不再把动物看作机器。他们发现，有时即便没有激励，动物也会采取行动，而这恰恰就是奥地利经济学派所强调的"人类行动"独一无二的特征。这也是诸如你我，以及像阿西莫格鲁与罗宾逊这样有操守的科学家会做的事情。

如果一个人信仰诺斯及阿西莫格鲁等人的那种结构单一的新制度主义，就基本等于相信 N → G（制度可以导致财富大爆炸），那么照严格的逻辑来说，非 N → 非 G（缺乏制度就必然无法带来财富大爆炸）。正如阿西莫格鲁与罗宾逊在 2012 年的著作《国家为何失败》中所说的：对失效制度 N 的围捕，使国家不断挫败，结果导致了可悲的非 G。但如果人们也信仰 N、I 以及 f（N, I）→ G，那么在同样严格的逻辑中，非 G → 非 N（坏制度）、非 I（坏思想）、由 f（N, I）所导致的坏结果，或者是几者皆有（我再次注意到，自 1914 年以来，科学哲学将这一逻辑基本点归纳为"迪昂困境"；它站在符号逻辑的角度解决了萨缪尔森及弗里德曼的证伪主义问题，而计量经济学与经济科学领域的许多其他言论正是以这一主义为基础的）。如果 N 和 I 以及 f（N, I）→ G，那么实际上此时对于坏制度、坏思想以及两者之间不良互动的围捕就已经开始了，在这里，我们是缺乏对这种围捕的科学性认定的。

我意识到我有一种优先使用马克斯·乌式的冲动，因为我曾对诸如大卫·兰德斯（David Landes）这样的保守派非经济史学家说过同样的话，"大卫，我们先用全要素生产率的度量方法。然后，如果有什么剩下的，再来研究一下 19 世纪末英国铁匠的通信档案"。其实我从没想过要去查阅档案，当然事实上我也没这么做，对此我感到羞愧。我觉得有萨缪尔森经济学就足够了。正因如此，才有了此处的论调（有人认为诺斯的制度主义是对萨缪尔森经济学的超越，对此我再说一遍，事实上这句话我已经对善良的道格拉斯说了三十年，但始终收效甚微：它不是超越，新制度主义只是一种换汤不换药的萨缪尔森经济学）。

让我们来想一下，如果存在一种制度，它毫无疑问能够鼓励增长，它允许建立一个大型自由贸易区，在这个区域内，当地的既得利益者不能阻挠改善的进程。早期自由主义的一个典型产物，就是对于地方利益的剥离，比方说中世纪的激进城市保护主义，或是在现代早期扩展出的国家保护主义。美国宪法以黑体字法的形式确立了大型自由贸易区存在的合法性，尽管之后最高法院的法官（N）还需为其做概念上的辩护（I 与另一个 I 互动）。在英国对于自由主义的实践中，非 N=f(I) 的论断是极为盛行的，即便它并未以书面形式被写入英国宪法。其他还包括一些主权国家或奥匈帝国这样的关税同盟。中国封建时期也是如此。相比之下，其他地区的地方垄断并未受到广泛竞争的挑战，它们肯定会阻碍增长，那么，非 N →非 G，由此可以推断出 G → N，也就是说，如果增长出现了，那么必然就对应会有一种允许大型自由贸易区存在的制度。

麻烦的是，即便黑体字法划出了一大片自由贸易区，但山海那边的激烈竞争依然会刺激人们向国家寻求庇护。别再让山海那头的垄断继续下去了。事实上，这种不公的确存在，利维坦越大，可以通过腐蚀国家谋求自保进而收获的私利就越多。看看华盛顿的 K 街。以美国各州为例，无论是广泛存在于各州的职业许可法（虽然近几十年来不断收紧），还是各州对银行分支机构的禁令（尽管近几十年来不断松动），都来源于此。19 世纪初的英国流传着一种说法，当地人认为这种请求国家庇护的行为是可耻的，尽管美国人没有这种思想包袱，但倘若自由主义国家缺乏强烈的道德信念，那么黑体字法也将只是一堆没有生命的字母。非 I→非 G。思想很重要，意识形态很重要，伦理很重要，无论是它们本身还是它们与制度的互动，都很重要。

* * *

美国专栏作家及政治理论家乔治·威尔（George Will）在这方面就很有一套。他认为："建国者是打算通过宪法来推动一种生活方式。"威尔把政府塑造公民好坏道德的这一举动称为灵魂工程（soulcraft）。灵魂工程"是政府必须要做的功课。也许它们做得不够好，甚至它们对自己的行为都缺乏清晰的认识，但这依然是必要工作"。他当然是对的。从这个角度看，制度肯定是很"重要"的，有些制度还是政府精心"设计"出来的（如果"设计"这个词足够贴切的话，威尔承认，这种"设计"通常在有效性和知觉性上都有所欠缺）。通过宪法来规定商业价值确实有助于我们在新的共和国中建立一个全新的民族，前提是我们能够坚持实践这种价值。

尤其是 1789 年到 1865 年，宪法将一些人划定为"奴隶"，而很大程度上，奴隶制在国家支持的其他一些制度中就像灵魂工程一样重要，并且这种支持并非出于善意的理由。威尔引用了托克维尔（Tocqueville）在 1831 年对俄亥俄州两岸、实行奴隶制的肯塔基州以及自由俄亥俄州所做的对比调查。托克维尔写道，在肯塔基河岸，"社会陷入了休眠状态；人们无所事事地来回闲逛，"因为当地的特殊制度规定了白人从事体力劳动是不体面的。而相比之下，在俄亥俄州河岸，"人们根本找不到无所事事的人"。威尔对奴隶制度与自由制度下了结论，认为，"它们产出了两种截然不同的人"。赫尔曼·吉罗米（Hermann Gilomee）总结了南非白人奴役黑人所产生的影响，也得出了相同的结论。即便是在解放之后，黑人和其他有色人种还是要服从于骑在马上的南非白人。布尔战争之后，诸如扬·史末资（Jan Smuts）这样的非裔领导人掌控了当地的非裔人，他为他们提供教育，允许他们在铁路上工作——他也从非裔人那里夺走了同样的东西。

因此，"制度当然重要"。而有些中间原因，比方说 1776 年后，欧洲西北部及其分支的全新自由主义思想的制度化，也对 1800 年后经济、政体及社会创造力的蓬勃爆发有着非常重大的影响。但是，在吉罗米和威尔的例子中，我们可以观察到，使这些制度产生的深层观念原因（比方说美国，自相矛盾的奴隶主写下"人人生而平等"的理念）与随后的理念路线之间是存在关联的。在任何一种情况下，制度都是由观念激发而产生的中间原因，它会以想法的形式产生多种影响。在很大程度上，它并不是一个物理问题，而是一个意识问题；它不仅关乎土壤，而且关乎灵魂；它不只是激励因素，还是伦理道德。拉斯，精神（les moeurs, die

Geiste）它首先成为精英阶层的意识形态，继而成为普罗大众的精神信仰。正如林肯在 1858 年的首次林肯－道格拉斯辩论会上所说的，现在已经到了这样的地步，对于营销这类的管理工作来说，"掌握了公众情绪，就无往不利；掌握不了公众情绪，就一败涂地。因此，塑造公共情绪的人比制定法规或是宣布决定的人要更有深度。是他们影响着这些法规与决定能否真正得到执行"。

阿西莫格鲁与罗宾逊在其 2019 年著作的最后 30 页详细援引了哈耶克在 1956 年的言论，以作驳斥：

> 政府的广泛控制所引发的最重要的变化来自于心理层面，它导致了国民性格的改变。这必然是个缓慢的过程，它不是在几年间发生的，它需要一个或两个代际的时间才能完成。重要的是，人们的政治理想及其对待权威的态度，既是政治制度产生的原因，也是它所导致的结果。这意味着，如果新制度及新政策会逐渐破坏或是摧毁这种基本精神，那么就算是强大的政治自由传统也无法助其幸免于难（引自阿西莫格鲁及罗宾逊，2019 年，466 页）。

阿西莫格鲁与罗宾逊声称：无论如何，"社会"都能抵消利维坦的影响。他们认为自己是在回应哈耶克的观点。但实际上哈耶克的观点是，如果你把人们视作可怖可敬的利维坦之子，那就相当于把人当作了孩童。美国政坛近日的动荡使我们不得不担心，我们会从内部、从心理上走回农奴制的老路。阿西莫格鲁与罗宾逊所希望的是："倘若利维坦越了界，人们就会通过抱怨、示威甚至起义的形式来绑住它。"而抱怨、示威与起义恰恰就是精神、伦理及修辞领域的产物。想想 2021 年 1 月 6 日的美国国会山暴乱，还有同年 1 月 23 日的俄罗斯百城暴乱吧。"起义"与阿西莫格鲁及罗宾逊的结构唯物主义是相抵触的。当他们一度承认仅用唯物主义并不足以解释这些现象的时候，他们心中会升腾起一种"避免想起利维坦可怖面孔的愿望"。但是，人们的惧怕发生在心理层面，而不是他们的大脚趾上。为了顺应远离巨兽的渴望，他们会在想法的驱使下，有意识地挪动自己的嘴巴和脚趾。自由主义的代名词是成人主义，在这点上，它与阿西莫格鲁和罗宾逊所倡导的对国家的幼化依赖形成了鲜明的对比。

换句话说，阿西莫格鲁、罗宾逊及其他新制度主义者所忽视的是人类思想及其被解放后所产生的种种创造。我已经说过，思想，绝不仅仅是一个大脑。引用安德鲁·马维尔（Andrew Marvell）在 17 世纪末的言论，思想是"一片海洋，在那里，每个物种 / 都能直接找到自己的同类 / 但它也创造，超越这些 / 遥远的他处，另一片海洋 / 消灭所有亲手创造的东西 / 在绿色的树荫下造出年轻的想法"。我认为，经济之所以会从 1800 年开始增长，并非因为法律与制度，在古代，这些确实是当仁不让的原因，但在现代，它们往往会阻碍经济的发展，真正引发增长的是超越了这一切的自由新生理念。是创造力及其背后的自由和自由伦理，使得我们在物质上比我们的祖先富足了 3000 倍，同时在精神上也并未出现明显折损。一切机械形式的积累，比如物质积累、人力资本积累，还有诸如黑体字法和最高法院这样以机械形式建立起的"结构"，它们是否能真正产出成果，取决于它们是否具备在意识形态和伦理道德依托之下所产生的创造力。

你可以看到，无视思想——正如新制度主义者及自李嘉图以来的大部分经济学家一直在做的那样（尽管我们尊敬的鼻祖斯密并没这么干）——可能是人类科学的一大错误。诚然，自愿无知的策略已经变成一种常识，虽然我们在用它的时候通常都是无意识的。比如，我自己在早期所写的一些关于创业的文章中就采用过这种策略。与此类似但后果更严重的是，人们也会通过研究大脑来识别人类的意识活动，进而研究人类科学。这种脑科学的潜台词是：只要我能对山迪·科法斯（Sandy Koufax）的手臂做仔细的生理学研究，我就能充分解释他在 1966 年的棒球比赛中的投球表现。

* * *

认为诺斯、格雷夫、阿西莫格鲁以及罗宾逊等人确实认同思想在其新制度主义叙事中具备力量，这种观点是不合理的。比方说，诺斯在他的《理解经济变迁的过程》（2005）中反复提到他对思想的来源感兴趣。说得好。但他并未深入美索不达米亚，去和黏土上的楔形文字交流，也没有认真研究过中国甲骨文上的划痕，并且与之展开人文主义的对话，而这些在很大程度上恰恰就是有关于思想的。希腊修辞学、中国哲学以及犹太法典向人文主义的转变都是研究思想来源的素材。相反地，诺斯将眼光投向了"脑科学"（不得不说，他对这些科学几乎一无所知）。也就是说，他每次都把思想简化为物质、大脑里的东西，或者是围绕物质展开的机械激励。他觉得大脑和思想是一回事，但正如我和许多其他人所看到的，这恰恰是当今脑科学颅相学分支的核心谬误。

新制度主义者中有些人不那么教条，比如乔尔·莫吉尔还有约翰·奈（John Nye），但他们似乎每隔一段时间就又会陷入诺斯 – 阿西莫格鲁的预判之中，认为 N → G。还是没考虑思想。在另一些时候，这些不太教条的学者们会把思想 I，称作"文化"，在他们还没认真研究自希腊、儒家、塔木德或是梵文语法家卷帙浩繁的文献资料，没有对其中的思想、修辞、语言学、意识形态、仪式、暗喻、故事之类的东西做出确切解释的时候，他们只能用这样模棱两可的方式来描述它。

思想 I，它可能具有我之前所不齿的那种静态的作用。但经济学上的观点是，思想在本质上受制于规模经济【马特·里德利（Matt Ridley）说，"思想有性"】，而制度往往并不那么高度保守。英国思想界的巨大变革在技术层面上是一个动态过程。而制度上的微小变化则不然。

想一想我们能从实际的人文科学及脑科学中学到什么，针对思想（I）的严肃研究，甚至可以帮助我们得出一个趋向动态的结论。雷蒙德·塔里斯（Raymond Tallis）本人也是一位杰出的神经学家，他在回顾迈克尔·加日尼格（Michael S. Gazzaniga）的《谁在掌管？自由意志与大脑科学》（*Who's in Charge? Free Will and the Science of the Brain*）一书时，将迈克尔描述为"当代神经生物学界的标杆人物"。塔里斯写道：加日尼格的短语中有这样一些精彩的瞬间，"至关重要的是，这种活动并不发生在孤立的大脑之中"，而是发生"在许多大脑的群体互动中"，这就是为什么"孤立地分析单个大脑不足以说明'责任'究竟有多重要（对比一下行为经济学和一些实验经济学的研究程序）。这个思想的共同体，就是人类意识活动的栖息地，它由无数大脑间的互动交织而成。"这恰恰是斯密在 1759 年的《道德情操论》中所表述的，也是约翰·多恩（John Donne）1624 年在《丧钟为谁而鸣》（第十七版）（*Devotions upon Emergent Occasions, xvii*, 1624）里希望传递给世人的。加日尼格先生说道："'责任'（或是缺乏责任），并不驻扎在大脑之中。"它是"人与人之间的互动，是一种社会契约—— 一种新兴现象，它与大脑活动密不可分"。借用那个古老的人文主义笑话：当我们在说语言的时候，语言也在说我们。

1999 年，美国史学家托马斯·哈斯克尔（Thomas Haskell）写了一篇震惊世人的文章，记载了"责任"（responsibility）一词在 18 世纪和 19 世纪的美国商业社会中的新兴突出地位。《牛津英语词典》（*The Oxford English Dictionary*）在 1787 年给出了现代意义上的"责任"一词的最早引文，即在道德上接受一个人做了这样或那样的好事或坏事——之后，汉密尔顿优先在《联邦党人文集》（*The Federalist Papers*）中使用了这一定义，不久之后，埃德蒙·伯克（Edmund Burke）也采用了这一表述。哈斯克尔指出，"责任"一词在法学上的应用比这里要早得多，它在当时的含义仅仅是"被要求对一项法律行动做出回应"。而我们在这一语境下所描述的"负责任的"人，是指"有责任被要求进行（法律）说明"（详见释义 3a，着重强调），这一解释早在 1643 年就有了。直到 1836 年，《牛津英语词典》才首次对这个词的形容词形式做出了褒义的引述，也就是现代社会对"责任"的普遍认知，"在道德上对自己的行为负责；有能力从事理性行为（详见释义 3b，着重强调）"，而这恰恰正中哈斯克尔观点的靶心。最早将"责任"一词与市场活动中有关责任的近义词（accountability）联系起来的做法出现在 1794 年，哈斯克尔在塞缪尔·威廉姆斯的《佛蒙特州的自然与民俗史》（*Natural and Civil History of Vermont*, 1794）中发现了史上首个而且是比这里早得多的一个问责制的实例，"没有相互监督与制衡，就没有问责制（accountability）与责任制（responsibility）（'责任'名词形式的更早表达为 accountableness，可追溯至 1668 年；形容词形式是 accountable，可追溯至 1583 年；更简单的表述，即 account 和 acmpt 则可追溯至中世纪）"。

哈斯克尔对赞赏市场参与者新尊严的行为持谨慎态度。"我的假设不是要说明市场提升了道德水平。"我猜他对自己的观点不同于大部分美国史学系的左倾观点这件事有点敏感。但随后他又收回了这句话。"市场所促成的这种生活方式可能需要人们提升自己的代理权意识水平。"正是如此。当然，商业，以及某些教会扁平化管理改革，确实提升了个人及责任机构的相关意识。在文章的早些部分，哈斯克尔将这种"升级"了的代理意识，还有"责任感"归功于市场。所以，市场的确提升了道德水平。这一点，从人文史学家对这些词条的研究中能看得出来。

再来看看我们能从实际的脑科学家那里学到什么。塔里斯以其雄辩的措辞下了结论（他也是一位出版诗集的诗人）："我们从属于一个无边无际、无限精心设计的思想社区，这个社区是经由几十万年来无数认知之间的一万亿次握手而形成的。我们的日常生活在这个群体'剧院'中一览无余。它将丛林生活与职场生活区分开来，由于它是一个思想的共同体，所以仅去观察某个孤立大脑的活动，是无法检测到它的。"人类的协商一致或者认可同意，也就是那些被迈克尔·奥克肖特称作"人类对话"的东西，正是猜想层面，而不是主观层面的产物。

犹太神学家马丁·布伯（Martin Buber）在 1923 年写道："所有真正的生活都是关系"，而且"一开始就是关系"，也就是说，它们不是教条的方法论个人主义者所钟爱的那种唯我论。布伯在 1948 年的《人与人之间》（*Between Man and Man*, 1948）一书中写道："人类存在的基本事实，既不是个人本身，也不是它们的总和，而是'人与人'。"它既不是主观的，也不是客观的【布伯在 1958 年对阿哈龙·科恩（Aharon Cohen）的叛国罪审判中说："客观真理不是赋予凡夫俗子的。"在当时的情况下，这或许并不是最好的说法】。我们从演讲、会议，以及一个人与另一个人的对话中所看到的，也就是布伯话语中的"之间"，就是我所说的猜想。

正如经济学家诺娜·马丁（Nona Martin）和斯托尔的论证：倘若经济科学需要意义，那么从道义上讲，它需要的并不仅是游戏规则或是大脑科学，而是需要那种深化到英语系视角的，从字根意义上来解释一个词条的人文科学。简而言之，让我们认真对待"大脑科学"，承认它与"心智科学"不同，让我们承认人文科学以及具有普世意义的高阶文化可以为我们设计制度提供启示。

* * *

另举一个例子。诺斯高度评价了人类学家克利福德·吉尔兹

（Clifford Geertz，1926—2006）。很难不这么做。但是，在诺斯的解读中，吉尔兹及其合著者支持了这样一个概念，即在商队贸易中，比如在 1900 年左右的摩洛哥，按照诺斯的说法，"在一个非常需要保护但国家又无组织的世界里，非正式的约束（比方说，抢劫下一个经过的商队）使得贸易成为可能"。但诺斯略过了那些非工具性的、事关羞耻与荣誉的，非马克斯·乌式的语言，而事实上这些正是吉尔兹所擅长的。因此，诺斯也错过了人类在内部动机和外部行动障碍之间的矛盾纠结，错过了一个自我塑造的非奴公民是如何与一个面对激励的人形与老鼠博弈斗争，进而用自己的尊严战胜了对方那仅仅出于功利的"约束条件"。吉尔兹及其合著者在明确反对马克斯·乌的前提下写道：在摩洛哥的沙漠中支付安全通行费用"绝不仅仅是一个付费行为"，也就是说，它不是一个单纯能用金钱衡量的约束条件、不是一条预算线、一道藩篱、一种激励措施，或是萨缪尔森经济学简化概念下的那种"制度"。事实上人类学家是这样描述的："它是汇集了道德仪式、具有法律效力及神圣力量的习俗的完整综合体的一部分。"

对于诺斯这样一位经济学家和新教马克思主义者来说，"神圣"没有任何意义。比如，他就曾在自己 2005 年的一本书中展现出了对宗教无知的蔑视，这种傲慢与蒙昧几乎可与理查德·道金斯（Richard Dawkins）或是克里斯托弗·希钦斯（Christopher Hitchens）比肩【"沟壑纵横"，泰瑞·伊格尔顿（Terry Eagleton，2006）说】。对诺斯而言，宗教只是建立在他功利、受限意义之上的另一种"制度"，也就是一种寻求庇护的规则。他反复给宗教贴上"非理性"的标签。对他来说，宗教无关神圣或超越，无关忠实身份，也无关借由道德仪式为生命灌注意义。它并非有关上帝之爱的智力与理性的交流，更不可能是与上帝之间的持续对话。宗教只是做生意的另一套限制，无论这生意是在市场做的，还是在寺庙或沙漠里做的。在宗教问题研究上，诺斯的观点与那位出格的经济学家劳伦斯·杨纳科（Laurence Iannaccone）一致（杨纳科和我一样，他实际上是个信徒，但我在这说的是他的贝克尔理论，而非他个人的宗教实践；不过他在最近的著作中把这两者统一起来了）。对传统杨纳科学派而言，宗教相当于一个有成本、有收益的社交俱乐部，它并不代表一种身份或是对话（当然，每个真正参与到社交俱乐部中去的人都知道，它很快就会发展成"道德仪式，具有法律效力及神圣力量的习俗"。我认为20世纪70年代处于黄金时代的芝加哥经济学院就算是这种类型的俱乐部。我们的神圣仪式之一，就是在热情倡导某种极为特殊的知识爱好的同时，反复重申"品位无可争辩"的信条）。例如，诺斯断言，在前法律阶段，是"宗教戒律……在为（商业）参与者制定行为标准"。他摒弃了与宗教为伍的世界观。当然了，他自己的科学宗教，实际上并不单纯指向一个制约因素。他把它理解为自己的身份、道德仪式，以及神性——简而言之，那是他生命的意义，是要在不同寻常的人生过程中不断去磋商协调的东西。然而，保持伦理上的自洽并不是萨缪尔森经济学的强项。

诺斯在新制度主义方面的盟友埃维纳·格雷夫将文化称为"非正式制度"，诺斯也曾采用过这种叫法。格雷夫认为，每种社会均衡都代表着一种非正式制度，我曾多次指出，按照这样的想法，所有的社会科学都会在定义上变成新制度主义的实例。然而，这种非正式性使得"制度"完全不同于游戏规则。人在下棋的时候是不会就下棋的规则而讨价还价的。但事实上，"非正式性"意味着它是需要被不断协商的——这正是"非正式性"一词的要义所在，它要求我们抛开形式，把后院烧烤与正式国宴区分开来。人要在烤肉聚会上作何表现（提示：不要赤身裸体地跳进灌木丛中）？男人在挑逗自己伴侣的时候可以做到哪一步？女人可以和自己的闺蜜有多亲密？这些规则是在当下及其之外被不断建构并重构起来的，决定它们的是道德、伦理以及爱情的界限，在这种情况下，萨缪尔森的那种有关约束的隐喻就显得非常不合时宜了。

人们无须否认道德、伦理与爱也常受到激励因素的影响，并以此来要求自己相信：一旦它们成为一个人身份的一部分，就会产生独立于激励因素之外的影响。在印度独立前的一个世纪，一旦当地贱民为了从英国皇室那里得到一些马克斯·乌式的好处而皈依了基督教，这也会成为他们身份的一部分。今时今日，他们的后代在新环境中激烈地捍卫着自己的基督徒身份，但在新环境之下，这其实并不是一种优势。同样地，一旦你接受了萨缪尔森经济学的洗礼，你也很难重设你的精神生活。你会继续用马克斯·乌式的机械反应来思考每一种社会状况，而不是用经由社会建构的人类舞蹈，或者用奥地利学派里基于自由意志所产生的那种"人类行动"。吉尔兹有关谈判及仪式的隐喻往往更具意义。诗人叶芝（Yeats）在《在学童之间》（*Among School Children*）里这样说道："随音乐摇曳的身体啊，灼亮的眼神！我们怎么能区分舞蹈与跳舞人？"

　　和众多其他经济学家，比如魔鬼经济学的创始人史蒂夫·莱维特（Steve Levitt）一样，诺斯安与实证主义捆绑，他大谈特谈无意义的激励因素，因为这是萨缪尔森经济学能搞定的东西。约束条件，预算线，相对价格，一个人可以同意，当犯罪价格上升的时候（也就是说激励机制转向了更严厉的惩罚），犯罪行为就会减少（好吧，除非过度警戒降低了黑人对警察的信任度）。然而，你也可以确信，犯罪并不仅仅是一条冷冰冰的商业提案。如果你不相信，你可以去看任意一个监狱真人秀节目，看看那些囚犯在与看守抗争的时候有多么疯狂，尽管他们的手段很大程度上已经具备了我们所说的"谨慎"意味了。或者我们来听听社会公敌对亚哈（Ahab）船长的说法："亚哈心里对此多少有点感觉，即：我所有的手段都是理智的，我所有的动机与意图都是疯狂的。"假若犯罪并不仅仅是马克斯·乌式的那种毫无感情的计算，那么，改变罪犯及其相熟之人的伦理观念就可以影响到犯罪状况——事实上伦理确实改变了犯罪状况，有时候这种变化还是很迅猛的。比如说，在大型战争期间，后方的犯罪率会下降。将犯罪比作雇用出租车司机，将婚姻比作夫妻之间的交易，或是将孩子比作冰箱一类的耐用消费品，这些比喻都有它的用处。这都是很好的尝试。但是，仅有这些还不够。有些时候，它们还会产生灾难性的误导，比如在 20 世纪 90 年代，为了加大对某些可恶罪行，比如安静地坐着抽大麻或是吸食可卡因的惩罚力度，经济学家竟同意为保守派政客提供军火。

　　正如维吉尔·斯托尔、我，以及其他人文经济学的倡导者所言，"意义"非常重要。2008 年，芝加哥的一位自行车骑行者投稿给报社，讲述了他的同伴在闯红灯时"被杀"的事情，"当交通信号灯变色的时候，城市街道变成了一个'人不为己，天诛地灭'的杀戮区，在那里，任何一个大胆闯入的人都会被卷入人为制造的更为致命、更大体量的散弹流中，背后的操纵者们获得授权，控制局势，只要绿灯亮起，就可以大开杀戒。"而如果那个摩托车手是无意肇事才撞到骑自行车的人的，那这件事的意义可能就完全不同了。只有当我们忽略那些激励机制，肯定意义的价值时，也就是肯定母性之爱、肯定政治家的刚正不阿、经济学家的热情似火，肯定凯恩斯所说的那种动物本能以及阿玛蒂亚·森所说的那种"承诺"的时候（还有我在他之后所说的美德及其对应的恶习，而不仅仅是唯谨慎论），大量的生活、政治以及交流才有可能发生。

对人类来说——尽管对老鼠、草地及其他马克斯·乌的信徒而言并非如此——意义很重要，隐喻很重要，故事很重要，身份很重要，伦理很重要，对话很重要，自由意志很重要，有关思想的舞动也很重要。人非草木，因此，它们才对我们具有意义。让我们重视这一切，认真判定它们的价值。

第十章

简而言之，新制度主义
并非科学的胜利

2016 年，政治学家巴里·温加斯特写了一篇极其友好和慷慨的评论，用以评价我发表在《斯堪的纳维亚经济史评论》（*Scandinavian Economic History Review*）上的一篇论文及其背后所依托的《资产阶级平等》（*Bourgeois Equality*）一书。好事在于，我与温加斯特达成了一个重要的共识，即 1800 年前后在欧洲西北部兴起的新自由主义理念具有重要的意义，而它对随后财富大爆炸现象的影响实则被忽略了。他写道："自由与平等的重要性，在文献中是被严重低估的。"在这个程度上，温加斯特是赞同人文经济学的——我再说一遍，这是一种可以帮助人类思想及言辞发生转变，进而产生物质成果的经济学。瑞典的社会主义首相奥洛夫·帕尔梅（Olof Palme）宣称："政治风向是向左的：让我们启航"，而他的航向也因此引发了相应的结果。人文经济学认为，物质激励并非人类行动的唯一原因。温加斯特写道："自由与平等是解释财富大爆炸现象的基本、必要组成部分。"而且，他进一步说，"研究发展和财富大爆炸现象的学生们没有看到这些思想的关键作用"。我很高兴他对我的赞同能达到这个程度，而且是反复的、最为友好的那种赞同。

但是，我不赞同他所说的其他大部分内容（也许我错了：如果我错了，他可以来纠正我）。倘若我们要在思考"我们何以变得如此富有"这一问题上取得一些科学性的进展——正如拉斯·桑德伯格（Lars Sandburg）所言：瑞典，这个曾经历过贫穷的先进国家，它的人均日工资从 1800 年的 2 美元上涨到了现在的 110 美元，增加了 50 多倍。我们需要认真听听它的故事，真正听听我们朋友的问题与反对意见。

温加斯特写道："麦克洛斯基从一开始就列举了她认为过往假说中并非真正原因的条目……这个清单很长：工业革命……技术革新。"然而，我的书，比如现在这本，总是喋喋不休地说着（到了我担心乏味的地步：我道歉），人类创造力的海啸——也就是我们所说的财富大爆炸就是由技术革新所引发的。无论是称不上史无前例的工业革命，还是称得上史无前例的财富大爆炸，它们都不来自常规投资或者对于产权中低效率因素的一般消除。是在自由主义鼓励下所产生的独创性，是像约翰·爱立信（John Ericsson）、阿尔弗雷德·诺贝尔以及斯文·温奎斯特（Sven Wingquist）这样的人使得瑞典及其他国家变得富有。

换句话说，我们这些在经济史上规模很小（但非常优秀）的思想学派【乔尔·莫吉尔、玛格丽特·雅各布（Margaret Jacob）、金士杰、我，以及在某些情况下的埃里克·琼斯】的出发点是：经济增长的核心是技术的根本变化（蒸汽、全身麻醉术、印刷电路），还有一些作用较小的原因，是经济制度的变化（工程专业、远期市场、品牌包装、集装箱化，但都不是游戏的正式规则，这部分并没发生什么变化）。我们的观点是，自尊敬的斯密以来的资产阶级经济学家一直倾向于相信的那些常规投资、常规专业化或者产权的常规改善——更不必说自马克思以来的社会主义经济学家一直倾向于相信的对剩余价值的争取或者对于警戒线之上斗争成果的再分配——这些都不足以解释财富大爆炸。我们要解释的是在经济史上数以千计个百分点的增长，而不仅仅是来自产权优化的50%，或者放宽一点，100%的增长，我再说一遍，诺斯和温加斯特认为这些改善源自英国的光荣革命。财富大爆炸的伟大之处在于，那些足以带来常规积累、常规分配、常规制度变革以及常规剥削的东西，完全不足以引发财富大爆炸。我的说法是，欧洲政治的意外演变催生了自由主义，进而带来了独创性的技术，并因此而引发了财富增值。

然而，温加斯特并不是第一个将这种对技术变革的怪诞鄙夷归咎于我的人。我的论述里一定存在着严重的错误。我会努力做得更好。

温加斯特也很担心我，他在文章标题里宣称他与诺斯开创的新制度经济学"揭露了新古典主义的谬误"。他所设想的谬误是一种所谓的假设，即好的法律总是已经存在。相反地，他相信政府是必不可少的，而且政府的存在总是有其原因的，他觉得新古典主义者略过了这一点。他声称，诸如他与诺斯这样的新制度主义者否定了这一"谬误"。

但是，认为诺斯与温加斯特对愚蠢的新古典主义做出了改进，这种说法是不对的。诸如门格尔（Menger）、马歇尔和维克赛尔（Wicksell）这样的新古典主义者对制度变迁有着生动的领悟，他们的门生，比如福格尔与恩格曼（Engerman）在奴隶制方面的研究，以及诺斯本人在海洋运输方面的研究也是如此。我再三向诺斯投诉，相比之下，他的新制度经济学是重复并且强化了另一个实际的现代新古典主义谬误。一个萨缪尔森主义的经济学家——比如诺斯本人——热衷于通过在条件受限的情况下争取效用最大化的方式来建立模型，并坚信这在科研当中已经充分够用了。新古典主义者所确信的那种"约束"与道格拉斯一样，指的是制度以及其他的正式游戏规则。道格拉斯从未对我的投诉作出过回应。这种新古典主义谬误可见于温加斯特本人的著作，奥利弗·威廉姆森的著作里也能看到。但与威廉姆森在同一年获得诺贝尔纪念奖的埃莉诺·奥斯特罗姆的书中就没有这种谬误，与诺斯同获诺贝尔奖的罗伯特·福格尔的著作中也没有。这两个人都超越了马克斯·乌式谬误，走向了真正具有革命性的人文经济学。诺斯和温加斯特是反萨缪尔森暴政的假革命者，与我们这些真正的布尔什维克相比，他们最多只是孟什维克而已。

我要说的是，最显著的谬误在于人们相信是物质激励（那些约束条件）在起作用，而语言只是从乐池传出来的无关噪声。也许这就能解释为什么诺斯与温加斯特宣称新制度主义是这样令人震惊、具有革命性并且反古典主义，但是居于统治地位的萨缪尔森经济学家却能如此心平气和地接受它。萨缪尔森主义者应该能看到，所谓新制度主义，只是对萨缪尔森式教条的重申，他们也认为有马克斯·乌的假设与非合作博弈论就足够了，我们可以在经济史上不停地讲理论故事，而很少去做或者几乎不做定量或定性的检验。正因如此，才有了阿西莫格鲁的言论。

* * *

温加斯特对我的论文和书做了评论，并加以重述，汇编成自己的著作。那么，我想我也可以这么做。

命题 1：新制度主义是萨缪尔森主义。正如我刚才所说，诺斯、沃利斯、温加斯特、威廉姆森、格雷夫、阿西莫格鲁等人手中的新制度主义经济学还是秉持了萨缪尔森主义传统，他们都希望将社会互动还原为"激励机制"。在提出他自己的"谬论"概念时，温加斯特写道，"新古典经济学蕴含着一个隐蔽的假设：安全，因此没有暴力；强大的产权及契约执行系统；不存在国家的随意性或掠夺性行为。没有政府，这些条件都不可能存在"。然而，他所假设的政府产生于一套"自我强化"的激励机制。也就是说，他把萨缪尔森的激励机制往后推了一步。经济增长的引擎依然是物质激励。不存在话语或者思想的功劳，谢谢你：现在我们是行为主义者和物质主义者了。

命题 2：伦理比政府更重要。温加斯特的司法中心主义在事实上是没有道理的。注意，他的观点是，"没有政府，这些（为市场而生的）条件都不可能存在"。这是错误的。在这里，财产本身的起源问题是有争议的。苏格兰的詹姆斯六世，也就是之后不久的英格兰詹姆斯一世，在 1598 年的《自由君主制的真正法则》（*The True Law of Free Monarchies*）中声称，"君主出现在地产概念或是有关人的等级制度以前，出现在任何议会召开或是法律制定以前，君主负责分配原本完全属于他们的土地……因此，君主是法律的制定者，而非法律的从属者"。无论是在事实上、逻辑上还是历史上，詹姆斯国王和温加斯特一样，都是错的。诚然，政府确实可以保障财产，但我们有压倒性的证据，可以证明在通常情况下，政府会通过征税或者偷窃的方式夺走财产，而且无论如何，历史上的财产增值总是在根本没有政府干预的情况下轻而易举地反复发生。我先前提过由金步罗、斯密、威尔逊以及由威尔逊、佳沃斯基、舒尔特和史密斯所开展的实验及历史调查。想想尼亚尔萨迦史诗中的冰岛，法官口中的以色列，或者是狩猎采集者的流动财产。将社会维系在一起的主要是伦理，而非法律，是伦理的变革推动了社会的发展。

命题 3：新制度主义是循环往复的。新制度主义的司法中心主义是在回避问题实质。温加斯特对我强调自由主义思想（比如瑞典在 19 世纪中期的自由化）的主要批评是："思想要产生影响，必须具备一系列的条件。思想必须——以某种方式——从抽象领域转向行动领域；也就是说，它们必须被实施。此外，这种实施必须是通过'自我强化'的形式来实现的，也就是说，当政府官员将思想贯彻到实践中的时候，它们会为其提供激励（又来了），以使官员们尊重并且维持这些想法。如果缺乏这种自我强化的条件，那么想法就会依然保持抽象的形态，或是产生意料之外的效果。"尽管阿西莫格鲁、罗宾逊（2006 年、2012 年、2019 年）、格雷夫（1989 年、2006 年）及其他新制度主义学派的学者们都表示赞同，但此处的论点在逻辑和证据上都是站不住脚的。在逻辑上，它回避了实质性的问题。他在表达中假定了制度的必要性。可以肯定的是，如果这里的"制度"指的是"社会观念"，那他的论点就和我的一样，我当然欢迎温加斯特成为思想学派中的一份子。但是，如果温加斯特所指的那种"制度"，正如他所期望表达的那样，是指通过强制垄断的手段所促成的激励措施（给政府官员提供激励，以使其尊重并且维持这些想法），那这个论点就完全不同，而且这就是在回避问题的实质，因为我们把"必须……必须……必须"的结论插入前提之中。证明完毕。

命题 4：纯粹话语非常重要。话语在作为身份与伦理的代言人时，可以产生很大的威力。温加斯特说："必须得用激励因素来促使政界官员遵守规则。"又是"必须"，又是"激励因素"。错了！如果我们依照新制度主义者惯常的期望，把这个词理解为超越了语言与伦理的单纯的物质激励，那官员们并不需要这种激励。处于科举制度长期统治下的中国封建时期官场，必然会在某些时候出现腐败、自私的情况，或者官员们也会因为惧怕受到天子的惩罚而被吓倒。但同时，从他们的作品中也能感受到官员们也被传统儒家的正直清廉思想所影响着。在物质层面，国家可以通过绞杀一名海军上将来激励他人。但此举的主要目的还是期望大家都能尽职尽责，更团结地与敌军交战。霍布斯（Hobbes）曾发表过一句著名的错误言论："如果没有对某种强制力的恐惧，言语的束缚力就太薄弱了，它无法约束人们的野心、贪婪、愤怒及其他强烈的情感。"温加斯特也引用了霍布斯在这点上的说法写道："盟约，如果不与'剑'联合，就只是话语而已，它就不具备护人周全的力量。"博弈理论家认为谈话是很"廉价"的。尽管他们对自己的"无语言引理"信心满满，但是，温加斯特、霍布斯、博弈论者以及所有萨缪尔森经济学里的"理性"选择理论家们都错了。话语是具备力量的，有些时候这种力量还是决定性的。比方说，我们来想一想"人生而平等""民有、民治、民享的政府"，以及"我有一个梦想，有一天，人们不会再以肤色，而是会以其品格来评判我的四个小孩"，十年又十年，这些言论羞煞美国，并在慢慢杀死种族主义的怪物。想一想吧，你，或者温加斯特，你们为什么要做严肃又勇敢的学者，你们的初心是什么呢？

命题5："法律高于一切"的论点证据是很薄弱的。温加斯特认为政府权力提供了物质激励，有关这一论点的社会学和历史学证据都是有问题的。社会生活的大部分（确切地说是用错了词）都不是通过政府治理来完成的，而且它们通常都是受我们的惯用语言支配的。比方说，我曾多次指出，"正义"既存在于我们所玩的语言游戏之中，又存在于我们出于功利目的所作的利益博弈之中。"正义"不仅存在于我们的脑海中，也不仅存在于政府法庭之上，温加斯特的论点与任何社会中的人类普通生活经验都是矛盾的，比方说它和经济史学家的圈子就不相吻合。有关礼貌及相关性的规则适用于一个没有政府支撑的场景：来看看我和温加斯特的对话。日常语言——正如"日常语言"领域的这些哲学家以及语言学的学生所观察到的那样——是由他们所谓的会话含义所"支配"的。因此，认为"政府垄断强制力是必要的"这一说法在事实层面上就是错的。即便在政府作用薄弱或者干脆缺席的社会中，比如之前我提过的10世纪的冰岛，这种支配方式也别无二致。

此外，如果制度不是语言游戏，那它是什么呢？由诺斯、沃利斯、温加斯特所提出的"门槛条件"的第三条是"不存在国家的随意性或掠夺性行为"。问题是，政府本身应该执行的就是一个无政府的角色，这与我们从马基雅维利（Machiavelli）、霍布斯以及布坎南的理论中所学到的一切政治理论知识都是相悖的。这个问题迫使温加斯特提出了那些"自我强化"的机制，他声称，这很出人意料，在《联邦党人文集》之前，人类大脑中竟从未浮现过这些机制。你可能会注意到，即便是《联邦党人文集》里所构建的那种政府，也有任意掠夺的习惯。看看帕尔默突袭、吉姆·克罗以及国税局的做法，甚至是特朗普之前的状况就知道了。

命题 6：假定的法律及经济史是存在谬误的。温加斯特的研究依赖的是霍布斯、洛克、孟德斯鸠（Montesquieu）、斯密等早期现代理论家及《联邦党人文集》当中对于经济史的隐含理解或是明确肯定。这是人们在史学专业化之前会采用的研究方法。你能从一些马列主义的信仰者口中了解到这一点，在这里，你也可以从"自由国家主义者"（这里用了矛盾修辞法）对于孟德斯鸠和麦迪逊身为史学家的信任之中看到这点。马克思、孟德斯鸠、斯密、密尔以及韦伯都是非常伟大的思想家，但他们的阅读与思考始于历史研究专业化开始之前，因此，他们对于历史的许多论述都存在个人的理解。温加斯特的方法带来了如下的断言："中世纪世界缺乏标准的新古典主义假设，即产权安全、契约执行、法治以及没有暴力。"正如我在先前所述，在中世纪，很少有经济或社会史学家会这样认为。这一论断与诺斯和温加斯特在1989年所发表的想法是一致的，如今，许多像阿西莫格鲁一样并未对其证据做过深究的经济学家都相信这一点，他们都觉得 1989 年是一个崭新的开端。但是，正如我之前所说，从 1895 年的波罗克与梅特兰到 2003 年的哈罗德·伯曼时期的法律史学家并不这么想，这与中世纪欧洲经济史学家的观点是一致的。

我确实希望大多数经济学家，甚至是一些经济史学家不要再相信诺斯与温加斯特不加印证的论断，即光荣革命前的英国法律存在明显的缺陷。然而事实并非如此。例如，优秀的经济史学家 P.J. 希尔（P. J. Hill）最近受到诺斯、沃利斯及温加斯特的启发，发表了一篇针对《资产阶级平等》的评论。希尔写道："开放性准入秩序的特征之一是法治，但这一制度在有限准入秩序中是明显缺席的。"他有什么证据可以断言，比如在奥斯曼帝国，法治是明显缺席的呢？梅京·科什格尔（Metin Coşgel）与巴什·埃尔盖内（Boğaç Ergene）于 2016 年出版了一本书，在书中，他们对 18 世纪土耳其北部的部分地区进行了深入研究。他们的发现似乎与同时期英国法律不利于穷人的论断并无根本性的不同。富人确实在法庭上更占优势，但并不总是如此。用意第绪语里的习语来说，那还有什么是新的呢？

命题 7：法律规则不断被重新解读。语言游戏是松散并且可解读的，并不是机械且简洁高效的，这也是美国设立最高法院的原因。最近，美国专栏作家法里德·扎卡瑞亚（Fareed Zakaria）针对特朗普在反对新闻自由运动中所表现出来的"非自由民主"倾向指出，"事实证明，维持民主的不是简单的法律保障和规则，而是规范及实践——也就是民主行为"。这是对的，虽然这对了新制度主义者的胃口，但它还是削弱了制度机制的重要性。我之前提过的中世纪英国经济史学家詹姆斯·戴维斯就这么认为。游戏规则并不会凭空生出一个有关自身的解释。再比如说，我还提到过文学评论家及公知斯坦利·费什，他也提出了相同的观点，他在杜克大学担任英语系主任的时候就常在法学院教授与合同有关的知识。他在看待法律文件和约翰·米尔顿的诗歌时都采用了相同的看法。是诠释社群（Interpretive communities）在传递有关法律或是诗歌的意义。而这样的社群本身就具备伦理意义（包括坏伦理也包括好伦理）。法律是一种有关伦理的对话。或者我会说，它就是一种伴随着自然摇摆的踢踏舞。

命题 8：**唯谨慎论的观点经常失能。**要让一种经济学具备经济史学价值，我们就不能总是把它简化成马克斯·乌式的逻辑。在这点上，我们很难说动经济学家，他们对有关预算线及激励机制的马克斯·乌式故事如此着迷，毕竟他们从孩提时代就在学习完全选择理论了。就好比，1983 年前我接受的还是经济学方面的相关培训，我的历史及人文社会经验也很有限，所以那时候你也很难说动我。当时我对经济史的写作，完全建立在"谨慎是人唯一在意的美德"这一观念之下——尽管对于某些经济问题而言，节制、爱或是正义这些美德显然也很重要。想想乡村银行家、幼儿园教师或是美国上诉法院的法官。如我一般的经济学家从未阅读过亚里士多德《尼各马可伦理学》的开篇文章，没读过犹太人的《出埃及记》（*Exodus of the Jews*）或是印度人的《摩诃婆罗多》（*Mahabharata*），所有这些书都将选择视为一种痛苦的伦理认同训练，它与所谓的消费者面对预算线时会爽快做决定的观点形成了鲜明对比。

命题 9：一些国家和地区应该把"门"打开。"门槛"无处不在。诺斯、沃利斯及温加斯特在 2009 年表达过（温加斯特在 2016 年重申过这一观点），向自由经济过渡的首个阶段是要达到他们的三个"门槛条件：（1）精英法治；（2）永久存续的国家及组织；（3）对各类暴力源的控制"。我在《资产阶级时代》（Bourgeois Era）三部曲中花了一些篇幅来反驳这一观点。在本书中，我又补充了许多其他观点，来反对自《吉尔伽美什史诗》（Epic of Gilgamesh）以来人文主义对忽视思想及语言的新制度主义的推崇。诺斯、沃利斯及温加斯特以英格兰、法国及美国三个现代国家为基础来"解释有记录历史的概念框架"，但他们用以确信"门槛条件"的证据远远超出了这三个国家的外延。如果他们的调查测试是在英格兰、法国，或者美国以外做的，他们就会发现，不同之处在于 1776 年后西北欧地区所出现的特有的自由主义新意识形态。正如温加斯特所言："自由与平等的重要性在文献中被严重低估了。"

温加斯特的论证链起始于一种观点，他认为思想必须通过制度得到体现（错了，而且，当思想真的体现在了制度中时，它们往往足以减缓变革的进程，而温加斯特反过来将这种延缓误读成了思想的特征，一种类似"文化"的东西）。接着，它又转而声称诸如私有财产之类的制度需要依靠政府来践行（如果他认为这种需要是一直存在甚至非常频繁的，那就又错了）。然后，他又认为，财产制度是尤为鲜见的（又错了）。换句话说，诺斯、沃利斯以及温加斯特话语体系中的那扇"门"在历史上一直是敞开着的，比方说在 5 世纪的雅典和共和时期的罗马。那么人们可能会问，为什么他们没有走向自由主义和财富大爆炸呢？对此我是这样回答的：因为基于人人平等、自由、正义的自由主义思想并未发挥作用。假使奴隶制大行其道，奴隶制社会的创新就会十分缓慢。自由社会可以产生创新，是因为无人为奴，至少在理论上和最终结果上都是如此。

温加斯特认为他是在反对我对门槛条件罕见性的驳斥，他在脚注中说，"麦克洛斯基（2016a: 8）观察到历史上有'几十个'国家达到了这些门槛，从古代以色列到罗马共和国、宋朝的中国以及德川幕府时代的日本"。注意，他承认了我的主要观点。接着他又做了一些补充，好像是为了避免别人觉得他是在反对我的观点，"然而在任何特定的时刻，相对于有限准入秩序的规模，这样的国家数量还是很少的，而且，在1800年以前，这些国家里面也没有一个出现了财富大爆炸的现象"。这又和我的观点匹配上了：在18世纪西北欧国家出现其特有的自由主义思潮之前，没有一个国家迎来了财富大爆炸。

如果说要实现1800年左右那种极其可观的现代经济增长需要一些特殊配料，那会是什么呢？早期的经济增长和民主常被扼杀在摇篮中，又或者是营养不良。诺斯、沃利斯和温加斯特希望成为人们眼中的强硬派唯物主义分子，但当他们尝试解释"适当过渡"何以转向了"开放准入社会"时，他们又自然而然地陷入了对修辞变化的探讨。在他们2009年的著作中，有两页关键的内容谈到了"思想的转变""新的理解""有关权利的语言"以及"对开放准入的承诺"。尽管他们好像觉得自己已经对"政治和经济组织的开放准入"做出了物质层面的解释，但实际上他们在解释英法美三国何以向开放准入倾斜的时候依然是偏向思想层面的。他们的说法与我的一致，认为思想的变化既是通过甜言蜜语，也是通过物质利益实现的。

命题 10：思想主导设计。光有新制度主义机制还不足够。新制度主义会坚持诸如此类的典型主张："詹姆斯·麦迪逊与其在《联邦党人文集》中的联合作者……构想出了设计及维持自由平等政权的方法。"温加斯特认为，美国宪法就在某种程度上通过制度设计确保了人们对自由平等的偏好。我建议他参考第 4 条第 4 款第 3 项，也就是逃奴条款（Fugitive Slave Clause），这一条款甚至先于 1793 年和 1850 年由国会制定出的糟糕法案，也先于 1857 年的斯科特判决案。或者也可以看看相关妇女权益的条文、章节或是条款的缺失。还有特朗普的选举。记住扎卡瑞亚的观点。诸如"君臣截然不同"或是"人人生而平等"之类的想法至关重要，而且它们确实可以带来变化。

* * *

温加斯特在其结论中提出了批评，宣称他所理解的我的立场——即"自由和平等可以脱离制度而存在"——是"有问题的"。但恰恰相反，我的立场是，我们都推崇的那些制度，比如精英法治（参考成吉思汗，我注意到他在蒙古部落中严格执行这一理念），或是分权【参考罗马共和国、三权分立、库里亚权力约法（lex curiata de imperio），以及元老院和罗马人民（Senatus Populusque Romanus）】都是司空见惯的东西，但是仅有它们并不足够。相较之下，考虑到在 1800 年前后的欧洲西北部，常规法案的惯常执行是一个普遍现象，所以说自由主义思想确实足以激发普通人的非凡创造力了，也就是所谓的创新主义。

温加斯特的慷慨本能促使他接受了我的论点，并将其发展成他自己的论点。"自由与平等的理念经由制度得到体现与实施，它们预示着在斯密的观点之下，经济增长的来源就是劳动分工与资本积累。"我对一些细节已解释过，这种斯密式的思想在解释财富大爆炸现象的时候有多虚弱无力。"将这两种想法结合起来，通过提供奖赏来促使人们解决问题，进而培养其创造力。"我说过，自由足以推动创造力的发展，而诸如专利、内部改进制度以及其他的政府策略，就算它们没有对公共财富进行赤裸裸的偷窃，大多数时候也只是发展的障碍而已。或者再说一遍："麦克洛斯基所驳斥的许多假设都是财富大爆炸的必要组成部分，即便单拎出其中的任意一个都不足以完整地解释这一现象。"我觉得温加斯特并未完全理解我的主张，也就是资本及制度的变化，甚至是受政府赞助的剥削现象的减少，比方说丹麦仿农奴制的废止、苏格兰矿山奴隶制的终结，或是瑞典使用军队士兵挖掘运河，用马克思主义的话来说，它们取决于意识形态的转变，或者，用古代词汇来说，增长取决于社会及政治修辞的变化。它并非依赖于古希腊、宋代中国以及 18 世纪西北欧所共有的那些制度。

第三部分
人文经济学可以拯救科学

第十一章

实证派很难理解人文经济学

我们可以讨论一个问题，如果我们真的在认真倾听，它就有可能动摇我们的思想，这个问题就是"制度"一词的边界。大家似乎都同意，这是一个相当宽泛的词。在科学领域中，"宽泛"有时候是件好事，因为它最终可能会引领我们走向适度精度（比如"能源"与"进化"）。但我也说过，有时候它不是好事（比如"燃素"和"乙醚"）。

我们从诺斯的博弈规则说起。正如埃维纳·格雷夫和乔尔·莫吉尔在批评我的早期论断时所指出的那样："诺斯（1981,1990）首创的'制度即规则'的想法，很快就被看作是适用范围有限的。但是，它依然具备修辞层面的力量。"是，它当然有力量，尤其是当诺斯不断重申其中的简单思维时。而且假如你问大多数的经济学家，他们会说，这一定义恰好就是新制度主义的核心。问问他们吧。新制度主义领域的专家从业者可能会回答说——如果他出于某种意图想要让这个公认有些狭隘的定义看起来不那么局限——那么我们可以认为规则既可以是书面形式的，也可以是心照不宣的（但有可能会被带回意识层面），甚至它还可以表现为某种不可逆转的潜意识。然而（他接着会说）这里所说的一切约束都涉及成本和回报概念——这就意味着他们把制度视为相对价格，或是基于某种特定情形之下的预算线。

呜呼！安全着陆到萨缪尔森经济学。伦理学，图表而已。无须理会哲学、历史、宗教、经典、沟通、人类学或是文学领域的意见。真是谢谢有这样的上帝！

不过，即便是在价格理论中加入一个额外的假设，即规则、成本、约束条件或是其他任何东西都不能受到（用阿尔伯特·赫斯曼的人文学科词汇来讲）"声音""忠诚"的影响，又或是受到（以我个人的说法）"勇气""希望""节制""爱""信仰"或是"正义"这些美德的影响，那么萨缪尔森经济学的最后一步，也就是马克斯·乌的一步也是合理的——至少不会对结果有很大影响。

我回想起了马基雅维利（Machiavelli）、霍布斯、曼德维尔（Mandeville）、边沁（Bentham）、贝克（Becker）、诺斯等人的标志性举措。他们在事实上支持这样的观点：重大经济改良（或者是他们试图加以解释的任意一种行为：结婚、生子、履行契约、守法、违法），无论它是何其微小，都包含一个要素，即一种不容置疑的美德，也就是西方传统七大美德当中的谨慎。所以——非结论性提醒——所有行为都是基于谨慎原则的。忘掉其他六种美德吧！在条件受限的情况下去实现效用函数的最大化吧！亚当·斯密在1759年写道："曼德维尔博士的书中存在一个重大谬误，他把任一朝向这个方向或达到这个程度的热情都视为一种绝对的邪恶。"他所说的"邪恶"就是指唯谨慎论，也就是马克斯·乌的那种只受博弈规则下的成本与回报驱动的病态社会行为。又或者不是，假如吸血鬼能放你一马的话。许多人都会乐于琢磨自己对"曼德维尔恶习"的参与。他们自言自语说，我们可是很坚强的。典型的特朗普式言论。死去的士兵是笨蛋。

作为一个美德伦理家，斯密准确地继承了亚里士多德、西塞罗（Cicero）以及阿奎那的西方传统思想，他同时也吸收了中国及南亚的同质理论，斯密并不喜欢过度简化的行为。他指出："在将所有不同的美德归结为某一适切种类的过程中（也就是"最真实的谨慎"），伊壁鸠鲁（Epicurus）放纵了一种倾向""哲学家们……都特别热衷于培养这种倾向，以此来炫耀自己的聪明才智……用尽可能少的原则来解释几乎囊括一切的表象"。这就是奥卡姆剃刀，许多男性哲学家和经济学家都会用它来"刮胡子"。毕竟，"简约"并非唯一的理智德性。因此，斯密在实质上逃脱了这个功利主义的陷阱——他的朋友休谟（Hume）则深情凝望着这个陷阱，边沁急切地跳进了这个陷阱，而萨缪尔森经济学家们，比如我的众多新制度主义及行为学流派的朋友们，现在正愉快地陶醉在这个陷阱之中。如果想不出更好的理由，他们就会断言，经济学家无论如何都该专攻谨慎，以适应自己的比较优势。接下来，贸易就会按照比较优势理论所要求的那样展开。

我说过多次，新制度主义只是马克斯·乌的卷土重来。我敢再多说一点，这样会使许多人动怒（一如政客所言，倘若我冒犯了诸位，我为此向大家致歉）。但我还是要证明新制度主义在经济思想史领域的实际地位，因为这是必要的，要想理解我们在经济学中的工作，我们最好把它搞清楚。

　　正如我在《资产阶级时代》三部曲中提议并详加说明的，诺斯及阿西莫格鲁的方案根本不存在什么原创性，它们是对萨缪尔森主义的高度复制（顺便提一下，"自由主义孕育了现代世界"的观点也同样不是原创的，它是对18世纪进步政治理论的重申。但至少我承认了这一点，而且是骄傲地肯定了这一点）。诺斯说服了大多数经济学家，他认为新制度主义勇敢地拒绝了传统的萨缪尔森经济学；它是新的、崭新的、全新的；他在华盛顿大学的张五常以及姚兰·巴塞尔（Yoram Barzel）的帮助下编写了这一理论；但这里并不是诺斯（他知道得更多，因为实际上是他宣读的获奖感言，而感言实际上是我帮忙写的），而是他的追随者提出的这一主张——但诺斯此举却使其获得诺贝尔奖。

　　诺斯调转话锋，他在1980年以后写的每一篇论文或是书中都坚持声称："新古典主义"经济学忽略了对制度的研究。但新古典主义和其他大多数经济学研究方法都并未忽略这点。仔细想想，诺斯本人早期在经济史上的一些开创性工作实际上才是出奇地忽视了对于制度的研究，尽管他就是因为那些工作而获得诺贝尔奖的。但当时和他同领域的共事者并没有这么做。斯坦利·博格特（Stanley Lebergott）或是罗伯特·高尔曼（Robert Gallman）及其同获诺贝尔奖的同僚罗伯特·福格尔都很强调制度的作用。毕竟，制度分析的历史与经济学本身一样悠久。比方说：斯密对重商主义政治经济的分析；密尔和马歇尔对佃农制度作为一种制约因素及社会习惯的（不当）分析；熊彼特和伊斯雷尔·柯兹纳对根植于社会习俗及心理学科的企业家精神的（正确）分析；福格尔和恩格曼以帮派制度对内战前夕南方生产力的发展所做的解释（可能是有偏颇的）；莫吉尔与格拉达（Ó Gráda）对18 世纪英国技能水平提升所做的（正确）分析；我本人对 14 世纪开放领域所做的（非常正确的）制度分析；希拉·奥格尔维（Sheilagh Ogilvie）对中世纪行会的（正确）分析；诸如此类。尤其是经济史领域——无论它是否像所有的计量史学家那样使用了"英式经济学"（正如德国历史学派与美国旧制度主义者所揶揄的那样）——它始终都把大量的注意力放在了制度及其对经济的影响上，比方说，用在了研究经济增长的问题上。

奎多·塔贝里尼（Guido Tabellini）与格雷夫和莫吉尔参与了同一场讨论，他在其间指出我对新制度经济学主要内容的描述——消除（单纯的）哈伯格三角形低效性的说法——是不公平的。他说：恰恰相反，它是有关良好制度的学说，是"允许企业、投资及创新产生动态收益并带来经济效益"的制度学说。倘若他对于新制度主义的讲述是正确的，那就很好（不过，顺便说一下，"投资"并非重点，它只是企业和创新的衍生品；他此举是经济学家的常规动作，也就是试图将创新等同于一种常规投资）。但事实上，大部分经济学家都是理解新制度主义的，无论他们是通过阅读、实践或者模糊耳闻的形式知晓这一学说的，他们都知道它是有关静态效率提升的。也许他们采用这样的理解是因为他们一直教导自己的学生或是客户 MC=MB——尽管自 1800年以来，商业活动已经验证了为人们带来全新生活的是创造力，而不是马克斯·乌式的思维方式。无论这种想法有什么心理根源，我都认为经济学家其实模糊了效率（我注意到彼得·勃特克称之为"斯密式"的）与经商业验证的改良（"熊彼特"）之间的关联。

　　我们有证据可以证实这种含混不清的观点，比方说在经济学家及经济史学家罗伯特·艾伦身上——和大部分非经济学者一样——他把沿着某一给定生产函数的运动与整个函数的运动混为一谈了。前者受常规的相对稀缺性支配，就像萨缪尔森那样。而后者则能够解释大部分经济增长现象，它在逻辑或是事实上都不依赖这种静态的稀缺性。同样地，塔贝里尼声称，提出了动态观点的阿西莫格鲁和罗宾逊总是强调要从静态激励当中获取效率，但并未解释如何从产权当中产生经商业验证的改良，奴隶制社会中的产权也是这么运作的吗？政府办公室呢？大庄园里呢？受 1998 年通过的《米奇保护法案》保护的米老鼠形象也是如此吗？人们可以认为是威尼斯在中世纪晚期发明（非要给它定个性的话，实际上这种发明是很不光彩的）了专利及版权概念（律师将其称为"知识产权"，这是他们从业的新领域），引发了人们对于知识的理想化追求，进而将改良问题简化为了单纯的效率（和"投资"）问题。但 15 世纪后的威尼斯并未发生工业革命，而且直到 20 世纪晚期它们才较多地分享到财富大爆炸的成果。

　　事实上，新制度经济学的方案在几乎所有的（用格雷夫和莫吉尔的话说）"关联点上都远低于麦克洛斯基教授的归纳所暗含的假设"，它们都不顾一切地保留了马克斯·乌式的思维方式。这就是我们把这些方案归结到一起的原因。正如格雷夫和莫吉尔所宣称的，在"不违反其核心的理性及自利假设的前提下将制度特征纳入新古典经济学"这个方面，新制度经济学做得相当出色。一个典型的例子是格雷夫在其工作中专注于对非合作博弈论的研究（我再次指出，实验已经反复证明，这与人类的全部生活都无干系）。莫吉尔在其历史工作中的表现更为明智，近来，他为谨慎以外的其他美德留出了充分的空间。正如我所说，新制度主义实际上只是换汤不换药的萨缪尔森经济学。

格雷夫与莫吉尔滔滔不绝地否认他们在给自己的学说乔装打扮。他们声称，

我们已经不是马克斯·乌了。然而，她（对马克斯·乌）的批评是特别多余的，因为早有文献指出，规则就是规则，而动机才是制度的关键。格雷夫在他的某项著作中表达了这一观点（2006）。他指出，规则"只不过是可以被忽略不计的指令。如果规定性的行为规则要产生影响，个人就必须有动力去遵守它们……这里所说的'动机'是指广义上的激励，包括期望、信念和内化的规范"。

但是，正如我已经多次指出的那样，这样解释"规则"，实际上是把经济学变成了一种无谓的重复，而至少从这里的段落看来，格雷夫并没有看穿这一点。"动机是制度的关键"这一说法意味着人是受驱动的。假如你对"动机"的定义这么宽泛，宽泛到认为它可以涵盖"期望、信仰及内化规范"，那你就可以把任何你想要的、不包含科学内容的证据纳入其中，无论如何，如果你不能对期望、信仰和内化规范做出可信的解释，你就是坚持了罔顾人伦的行为主义。如果认为"动机"就是人行动的一切出发点，人只对动机做回应，那我们就得不出任何科学结论。人当然

会这么做了。人类当然是在驱动之下采取行动的。假如中世纪农民实际所拥有的地块，比依照谨慎美德采取投资组合多样化的情况下可以拥有的理论地块数量更多，那么史学家就可以对着期望、信仰和内化规范这些东西打个手势，然后提前下班。他可以在门上留下一张纸条，说太遗憾了，严格意义上的行为主义对期望、信仰和内化规范所做的机械及反人性研究还处在起步阶段，所以他也没法说得更细了。等几十年后，脑科学家终于发现大脑中还存在思维，机器中也有灵魂的时候再说吧。

然而，人文学科的严肃科学应用现状并非如此，比如我在前面针对约翰·塞尔制度分析的来回拉扯就能说明问题。人文研究并非处于起步阶段，它已经有三四千年的历史了。如果我们对其善加利用，我们就可以收集到非常具体的有关"动机"的证据。我们会了解到安提戈涅（Antigone）所面临的困境，大卫王（King David）放纵一己私欲，而伊阿古（Iago）行使了"无动机的恶意"。

不过，莫吉尔和格雷夫觉得，我一直给他们提供人文学科的阅读清单这件事让他们很苦恼。我得说，他们的这种苦恼让我觉得诧异。我也承认，就算只是格雷夫和莫吉尔引用的那些新制度经济学著作，我也不是每本都读过，更别说这之外的书山书海了。但是我为自己没读过而感到羞愧，而且我保证我会努力做得更好。我想这就是我们从事科学研究的方式——给出阅读清单，相互测试，发现彼此隐藏的预设，其中许多预设事实上只要认真阅读文献【精神科学，人文科学（Geisteswissenschaften，sciences humaines）】就能发现。科学不是件容易的事。我们不该抱怨，不该认为静下心来真正倾听的工作太过累人。

很久以前，在爱荷华大学，我当着一群鼠目寸光的哲学系研究生与教员的面问约翰·塞尔（我对他有点了解，我在此处使用了他的语言及社会理论，我给出的阅读清单上也包括他的著作）有没有读过黑格尔的书。约翰打趣说："没有，而且我永远也不会读。"听到这，我们都笑了（就连我也笑了，为此我深感惭愧）。约翰故意对全行业中的欧洲大陆哲学派别表达了无知的嘲讽。他真可耻。

我以为莫吉尔和格雷夫能比塞尔强点儿。但后来我从他们的言语里读到了一种尖锐的批评，他们抱怨我没有准确告知应该如何"使用那些有关思想、修辞、意识形态、仪式、隐喻和故事之类的文献"。他们继续说："这对推动我们研究的帮助不大。"但事实上，我已经通过这十几年间出现的证据"准确"展示了那些"思想、修辞、意识形态、仪式、隐喻和故事"是如何推动我们的研究发展的——比方说，在《资产阶级时代》三部曲中，我就用了一个杀手级的应用，佐以大量定性及定量证据来解释现代经济增长的原因。我在早些时候就展示过，有关修辞的研究可以暴露出计量经济学热爱使用虚假设显著性检验的荒唐传统。这是两个不一样的例子。但这是很重要的例子。我发表过几十个其他的例子，我在其中做过各种这样那样的准确提议。要是我们继续无视这些证据，那人类科学就很难再有进展。

* * *

那些向我提出温和批评的新制度主义学者都说，新制度主义确实承认人文科学的地位，因为他们认可"文化"的价值。我的另一位朋友，非常老练的经济学家理查德·朗格卢瓦（Richard Langlois）则用了 C 字 [1]（译者注：通常指一些禁忌词）来表达。但他的用法太过松垮，结果就像对制度的研究一样，并没有传递出什么有效的信息。不过，假如我确信敬爱的同事们真的认真听过从荷马（Homer）、希勒尔（Hillel）到泰戈尔（Tagore）和田纳西·威廉姆斯（Tennessee Williams）这一众"文化"专家的意见，我也不会像现在这样抗拒他们对这个词的使用。

因此，朗格卢瓦会说，"实际上阻碍企业家精神发展的主要罪魁祸首就是文化和制度。尽管麦克洛斯基可能不太情愿，但她现在愿意承认了，这两个因素都很重要。但此处和《资产阶级尊严》中的观点似乎认为'文化'才是重头戏"。我不同意朗格卢瓦的说法，因为他和其他人使用的是模糊的"文化"概念，这种表述宽泛、错误，它就像是万金油一样，在任何时候你都能用它来确保自己的假设万古长青。相形之下，只要我们能够真正地用心倾听，就会发现有许多分类准确、等比可量化、社会比较视角或是历史领域的深层人文科学研究可用，经济学家可以用它们来帮助我们理解思想、意识形态、修辞和伦理的实际变化历程。比方说，词语的定义会发生变化，就像哈斯克尔对"责任"（responsibility）一词的研究一样。我自己也研究过"诚实"（honest）这个词的含义，以及它随着时间推移在暗示性含义上所产生的明确变化。但是，我们还是需要以证据为准。

---

1. C 字：通常指一些禁忌词。——译者注

例如，"伦理"这个词，就比"文化"要确切得多（"思想""意识形态"和"修辞"这些词也是如此，除非我们坚持那种高高在上的实证主义做派，罔顾证据，坚称它们"模棱两可"）。2006 年，我写了一本有关商业伦理的长篇著作，但在写了两本同主题的书以后，我终于意识到，我真正要表达的并不是琼斯女士的个人正直。但很遗憾，所有人在听到我谈论"资产阶级美德"的时候，都以为我说的是这件事儿。比方说，他们几乎立刻就会联想到韦伯及其（错误的）心理学假设，而不是我及其（正确的）社会学假设。就连知道更多的莫吉尔，也一同陷入了这种古怪的解读之中。我怪罪自己，即便是面对这么高智商的一个读者，也没能把观点说得足够清楚。相反地，我基于大量证据得出论证结果：伦理上发生的重要变革指的是琼斯女士在人类对话过程中所形成的对他人（在这个案例里指的是对资产阶级人民）的正直态度。我在《资产阶级平等》（*Bourgeois Equality*）中粗陋地将之归结为"社会伦理"——就比如我之前说过的，当一个狡猾的人在意大利罗马火车站售票处偷偷插队的时候，人们所产生的那种"愤慨"。

是的，我意识到了，自莱昂内尔·罗宾斯以来的经济学家（正如朗格卢瓦所言，这一点我在之前也指出过）只要一提到伦理问题就会逃之夭夭。他们对伦理一无所知，认为坚持伦理无非只是在宣扬愚蠢的戒律。除了卡尔多－希克斯补偿之外，他们不想学习任何有关它的知识（敬请期待）。我想也许在这个问题上，朗格卢瓦会赞同我们该回归到大师的怀抱，也就是回到格拉斯哥大学伦理哲学教授（1752—1764 年）那里。

我觉得，如果没有大量社会伦理规范的配合，制度是无法运作的——想想苏联或是俄罗斯联邦的宪法吧。读一读苏联自由主义者瓦西里·格罗斯曼（Vasily Grossman，1906—1964）的最后一部小说《一切都在流动》（*Forever Flowing*）吧，别再觉得制度变革与伦理的好坏无关了。想想有关强奸的法律，乌干达和英国在这方面所采取的制度是一样的，但最终导致的结果却大相径庭。

我可以用朗格卢瓦的例子来说明我与林肯的观点。例如，朗格卢瓦说，"与我交谈过的一些人并不觉得他们现如今的文化是肯定或者尊重商业活动的价值的。它就是一种赤裸裸的实用主义文化"。不过，我所说的"尊重"并不是指我们要像对待史蒂夫·乔布斯（Steve Jobs）那样把企业家都当作超级英雄（事实上，这是一个令人不快的案例，因为他在对待他人的时候就是缺乏社会伦理的；尽管他在设计招人喜欢又让人们乐于付费的设备方面还是很遵循社会伦理的）。在 1800 年的英国，或者 1978 年的中国，考虑到早期的人们对"尊重"一词的蔑视之深，这样一种保守的"尊重"足以产生令人震惊的效果了。"实用主义"在此时成为一种前所未有的崭新伦理。

因此，我不明白朗格卢瓦说"（大部分）苏丹不再把改良者抛下悬崖"是什么意思。这是一种制度上的变化，而不是文化上的变化。"文化"一词再次掩盖了问题的实质。伦理的确发生了变化——在精英阶层里的确是这样。朗格卢瓦似乎认为，"文化"变革必须是广泛发生的才能产生影响。这表明，即便是一个杰出的、有人性的经济学家，假使他无视人类学家、哲学家和语言学

家的看法，只是坚持自己对"文化"的认知，他的思维就会被误
导。文化在社会中的传播当然与之相关，这一点，我们可以通
过扫描死者的思维来测量。但是，如果诸如本·富兰克林（Ben
Franklins）从工人变成企业家，俾斯麦（Bismarcks）伯爵从自由
主义者变成帝国主义者，列宁（Vladimir Lenins）从法律系学生
变成革命者这样的案例足够多，那么这些可测量的事件就会发生
很多变数，可能一时之间，可测量的公众情绪也会发生变化。

　　不过，朗格卢瓦确实比大部分人更能理解我的意思（迪尔德
丽，思路再清晰一点儿！）："麦克洛斯基的论点似乎是，如果
惯例体系【文化（我会说：呸！），伦理】能让商业创业机会变
得合法，经济就会增长。"朗格卢瓦引用了崔白英（Young Back
Choi）在 1993 年的惊人之作："在决定创业能否成功的许多相关
因素中，最值得注意的是产权，它使企业家克服了因嫉妒心理而
产生的障碍，使他们能够在市场上开启社会学习进程。"

　　但随后朗格卢瓦延伸了他的观点："即使文化对我不利，在
抽象及不具名的社会制度领域里，我也有一张王牌。"特定的、
不具名的社会制度能帮助你克服嫉妒的心理障碍，如果你觉得道
德、意识形态、修辞以及人类对话是你拿来反对这些制度的王
牌，那你就错了。比方说，市场就不能完全消除种族偏见。它有
助于消除种族偏见，但做不到百分之百。1934 年，朗格卢瓦引用
熊彼特（1921）的说法写道，"（企业家）唯一要说服或者打动的
人就是要给他注资的银行家——不过银行家的资助方式是买下整
个企业或是它们的服务，然后用他认可的方式去使用这些资源"。
1517 年以后，欧洲西北部出现了一系列令人欣喜的偶发事件，进

而催生了经济权利及社会地位平等主义的发展，资产阶级重估是这种平等主义的一部分。而朗格卢瓦的说法，包括崔的说法，都只有在资产阶级重估以后才能站得住脚。否则，产权、市场王牌以及银行家的令状就会成为一纸空文。就像20世纪60年代以前，美国宪法对南方黑人，或者说在某种程度上对所有黑人而言，都是一纸空文，而这种情况直到"黑人的命也是命"运动发起之后才有所改善。

还是在这场与莫吉尔、格雷夫、塔贝里尼以及朗格卢瓦进行的对谈之中，罗伯特·劳森（Robert Lawson）表达了对我把意大利和新西兰两国放在一起做类比的不赞同，他督促我使用他给出的国家"样本"来做双变量回归。但是，我采用意大利和新西兰的例子，并不是要对这条规律做什么确认，我只是对这种规律做了一种有趣的证伪。意大利因其公众的愚昧及政府的腐败而臭名昭著，但它的自主经济却发展得很好，好到足以抵消愚昧与腐败的影响。当然，我们还是得解释，为什么这样一个国家的收入，可以和被称为经济智慧与诚实典范的新西兰大致持平。这说明产生高收入的原因并不在于要继续保持智慧和诚信，而是要采纳那些真正有效的改良措施。

谈及计量经济学，我得提醒劳森，他所说的双变量回归，或许并不能准确解释收入与腐败之间的关系。毫无疑问，如果我们用这种回归方式去验证纸张消费与国民收入之间的关系，可以得到雷同的结果，但是，人们并不会因此而把纸张资源投入穷国，并妄想此举能使这些国家变得富裕。有关这一观点的一个更深刻的例子，是我提过的威廉·伊斯特利（William Easterly）对"资本主义原教旨"的攻击：富国有许多筑了堤坝的河流（"爱荷华，国土覆盖十条河流"）；因此，如果在加纳制造这么一个人工湖，就能使它变得富裕。事实并不是这样的。

当然了，单是高收入这一个因素就可以减少腐败，原因多种多样，我们可以从量化角度进行探讨。早在 1960 年，芝加哥就已经非常腐败了。我的朋友杰克·齐默尔曼（Jack Zimmerman）来自芝加哥西南部，他讲了一个有趣的故事：在他还是个少年的时候，他和一个住在郊区的女朋友分手了，因为他向对方的父亲吹嘘说，他按照马克斯·乌式的逻辑，以最低数额贿赂了一名芝加哥的交通警察，而他自己的父亲事实上是很赞赏他的举动的。但是，随着收入的增加（包括教育、向郊区搬迁以及其他与收入相关的因素），芝加哥人对这种"芝加哥做派"的容忍度越来越低（拉丁语的说法："我的呢？"），有权有势的腐败市议员法斯特·艾迪·维多利亚克（Fast Eddie Vrdolyak）因此进了两次监狱。而在任何情况下，劳森的观点都使我更为坚定自己的立场。廉洁从何而来？正如我所论证的那样，它并不来源于繁复如苏联宪法一般的法律条文，它来自伦理变革——就是最开始带来财富大爆炸的那种伦理变革。

关于我的新制度主义学派友人们的评论，我也可以给予同样的回应，我可以用他们自己的例子来说明我的论点是正确的，而他们的是错误的（我为自己把这种咄咄逼人到堪比反驳论证的表达方式用在他们身上而感到抱歉，但我还是奉劝大家暂时搁置愤怒，先去倾听，真正地倾听）。比方说，格里夫和莫吉尔举出了许多 18 世纪英国史上的有趣而重要的事例。与他们的说法相反，这些例子无一例外地表明了，我认为"工业革命期间的制度是相对僵化的"这一想法是正确的，关键在于对他人行为评判的显著伦理变革，而不是财产法或是其他什么制度。比方说，格雷夫和莫吉尔赞扬说，"诺斯与温加斯特（1989）在这个主题上发表的是一篇有影响力的经典之作，它被针对制度展开的实证研究大量引用"，这么描述这篇文章的影响力当然无可厚非。它的确很经典，而且很有影响力，新制度主义的其他学者对其大量地、不加批评地使用，我们先前讨论过的阿西莫格鲁的骇人言论就是个例子。然而，诺斯与温加斯特的这篇论文在历史科学的角度上是大错特错，这一点，我在《资产阶级尊严》（2010）一书的第310~354 页中详细说明过，在本书中我也重申过这点。新制度主义学派犯过许多惊人的历史和经济错误，我们在这就考虑一个例子：照论文本身的估计，斯图亚特王朝对财产所有者进行了惨无人道的奴役，他们向其征收税赋，每年的税额约占英国国民收入的 2%。相较于伴随荷兰君主及光荣革命而来的"荷兰式"政体，相较于任意一个现代国家而言，斯图亚特王朝在榨取收入来参与于经济发展无益的外战上最多只算有点匹夫之勇。在 1689 年前，英国国家力量对产权的凌驾仅此而已（顺便一提，格雷夫和莫吉尔声称本人"从未提及诺斯 – 温加斯特的论文"，这很奇怪。正如我所言，我在《资产阶级尊严》的第 45 页中对这篇论文和诺斯的其他论述做了详细的批评，而莫吉尔说至少这本书他是读过的）。

"然而，到了 18 世纪末，"格雷夫和莫吉尔再次写道，"当时的人们认识到了发展济贫事业可以颠覆地、创新地节省劳动力。"

他们在文章的后几页里举了个很好的例子，讲的恰恰就是我在三部曲里提到的意识形态的变化。当然，这里所说的"当时的人们认识到"的时候，就是林肯所指的"公众情绪"的影响力，是这个东西在左右着法规及决定能否得到执行。这并非制度层面的变化——也就是说，这不是那种只要改变游戏规则就能按部就班的东西。林肯意识到，公众情绪是站在他那边的，这样的话，奴隶制的游戏规则就有变更的可能。而且，在格兰特（Grant）将军的帮助下，他也的确做到了。

* * *

理查德·朗格卢瓦希望我能跟熊彼特多接触接触。他应该会赞同，我和熊彼特的交集出现在《资产阶级平等》（2016）一书中，在这本书中（不含脚注中的引文及参考书目），我对约瑟夫·阿洛伊斯（Joseph Alois）富有见解的观点做了三十多次的实质性讨论，在我最近的一篇论文中，我还重提过他的观点。我在青年时期犯过错误，那时候我对熊彼特那些不做定量研究的忠实拥趸们大加攻击，比如大卫·兰德斯、彼得·马蒂亚斯（Peter Mathias）还有德里克·阿尔德科洛夫特（Derek Aldcroft），但在那之后，我已经变成了一个"熊彼特主义者"。现在我只是觉得这位大师太过关注银行家了（顺便说一下，有段时间熊彼特自己也当过银行家，尽管他干得不怎么样）。因为没有对原始资料做到位的历史整理工作，所以熊彼特不知道，银行业由来已久，它并不是意大利在 15 世纪才出现的新鲜玩意儿。而且，我仍然强调，熊彼特并未从社会学、历史学或是修辞学的角度认真解释过，为什么企业家的生产力是在 1800 年后才大幅释放出来的，以及这一现象又是如何产生的。

的确，正如朗格卢瓦以其特有的精准的眼光所看到的，"企业家精神不是温室里的花朵，它并非只能在支持商业活动的文化中才能绽放；它更像是葛根，除非文化和制度有意对其封杀，否则它就会肆无忌惮地蓬勃生长。而我需要提供更多有关文化、制度与企业家精神之间关系结构的信息，好把熊彼特的这项宏伟工程延续下去"。我听取了朗格卢瓦的建议，在《资产阶级平等》中，也以这样的思路提供了诸多信息。我心中所指的"结构"，其实就是伦理与修辞，我在向他人介绍这种结构的时候，通常会说它是一种可检验的科学假设，它能被赋予确切的内容，我们可以从法律和文学中看到它们的踪迹——在 16 世纪的荷兰和 18 世纪的英国以前，所有大型社会都对企业家精神满怀敌意。

朗格卢瓦指出："假如你加入约瑟夫·A. 熊彼特学会，你会听到许多有关'创业政策'的论文，它们希望政府能在某种程度上积极促进创业，因为如果不这么干的话，这件事儿就根本没谱。这在欧洲特别流行……（事实上，朗格卢瓦说）一切可以阻碍创业的政策，他们都不希望让它停下来。"几年前，我们几个人开展了一场长达 3 周的自由市场路演，搞得自己筋疲力尽。这场路演由芭芭拉·科尔姆（Barbara Kolm）组织，我们在巴尔干半岛各国的首府奔波，为当地的企业家们宣传自由的价值，建议他们一展身手。最后一次会议是在社会民主主义维也纳，到场的有一小群无聊的记者，还有一些公共听众。我们发表了动员讲话，建议大家把企业家从阻碍其发展的政府项目中解放出来。最

后，一个大约 20 岁的年轻人站起来，操着一口流利的英语说道，
"我喜欢你们的演讲，也喜欢'要还企业家自由，让他们放手一
搏'的想法。但是……你得明白奥地利有它的问题。我们的政府
不提供企业家培训项目。"我们并不想批评这么一个热情的年轻
人，所以我们也只能垂头丧气地坐回自己的座位。

奎多·塔贝里尼和诺斯等人一样，称赞现代国家"有能力建
立秩序、阻止暴力、执行合同、提供公共产品"以制定"创业政
策"，扶植经济发展。一个意大利人会觉得大部分国家都在从事
这种慈善事业，听起来还是挺让人吃惊的。这让我想起他的同胞
卡洛·列维（Carlo Levi）的观点，作为一个意大利人、犹太人
与反法西斯主义者，他对"以国家为救世主"的普世观念显得不
耐烦。他写道，自己在 1935—1936 年间被流放到卡拉布里亚的
贫困城镇："西方文明的先驱者们都并未让他感受到时间的流逝，
也没有让他神化这个国度本身或是那些专注于（国家）自身的无
止境的活动（因此也阻碍了财富大爆炸的实现）。会到这片土地
上来的，只有敌人、列强，或者是对此缺乏认识的陌生访客。"

* * *

早些时候，莫吉尔在与我的通信中写道："你当然是对的，
我们必须结合信仰，也就是结合文化来理解制度。"我已经说过，
为什么我们不应该急匆匆地把从语言学到人类学等这样一些非常
确切的人文学科笼统地称为"文化"，这是不科学的。现在我想
提醒大家关注经济学家在思考"信仰"问题时普遍存在的一个错
误，这个错误在格里夫 / 莫吉尔和塔贝里尼那里表现得尤为明显，

那就是他们把信仰理解为"信息",而且是那种有限制的信息,也就是有关世界状态的概率(这在有些时候当然可能出错了)。道格拉斯·诺斯也把"信仰"看作"信息",他还认为它可以被简化成预算线,或者是他在晚年时期所钟爱的那种"脑科学"。

信仰不仅是命题式的,就比如我相信自然选择理论可以解释物种起源。其实,信仰也具有趋势性和实践性,它事关身份,它是修辞和伦理问题,是一个人愿意相信哪种命题,以及对它采取何种伦理态度的问题。因此,它们同时也是"言语行为"(我从1983 年开始就一直向经济学家强调这点,但他们对此始终充耳不闻)。所以说,你我都不能把对于科学的"信仰",简化成是接受 F=ma 这一命题这样的事情。它是一种倾向,这种倾向在 17 世纪期间发生了某种程度上的改变。在此处,人文科学再次为我们提供了科学帮助。"信仰"一词与爱同义,一如古代短语中"我愿意"做这样那样的事情,也像"真实"与"个人忠诚"的同义,还像是订婚双方许下的契约与承诺。它所指的是在 18 世纪"自然神学"之前的宗教世界,并不是指"肯定斯内尔(Snell)的折射定律"那样的命题式信仰。正如宗教作家凯伦·阿姆斯特朗(Karen Armstrong)所言,它代表着一种爱的忠诚,一种对爱或对生活方式的忠诚,就像耶稣对其所行之事的效忠,东正教的 613 条戒律,又或是弗朗西斯·培根的科学计划。路德(Luther)明确否定了信仰的命题式定义。他写道:"信仰无需信息、知识及确定性,信仰需要的是人对其未感受过的、未尝试过的以及未了解到的善意所做出的自由臣服与快意投注。"承诺。对于数学在物理学科中的非理性效果这一问题,我承诺会坚持自己的立场。格雷夫和莫吉尔宣称，"了解人们何以产生信仰并变更想法是很有用的"，这当然是对的。但这正是从《摩西五经》（Torah）、《吠陀经》（Vedas）、西塞罗到约翰·塞尔、玛丽·米奇利（Mary Midgley）以及克利福德·格尔兹所述的文明史的全部内容。格雷夫和莫吉尔宣称："一个由规则、信念、期望和规范所组成的系统，只有在它能够引发合规行为、重申相关信念及期望，并且复制其底层规范的情况下，制度才能永久存续。"如果人们对这个冗长表述的理解超出了同义反复（比方说，对这里的"重申"和"复制"做回溯式的精巧定义）的范畴，那么它说明的就依然是唯物主义法则的问题。这种论调在《经济理论杂志》上看起来合情合理，但从莫吉尔那里看来就很奇怪——他对思想力量的展示极为出色，比如弗朗西斯·培根有关科学进步的疯狂想法，尽管这些想法历经了差不多三个世纪的时间才大致引发了那些与之相一致的行为（真正的财富大爆炸）。

但无论如何，我希望看到历史上真有证据可以证明唯物主义定律的真实性。可如果你查阅一下历史书，你会发现它实际上是很荒谬的。以对占星术的信仰为例。我们觉得星座角色的分配是对生活和战斗结果的"重申"吗？还是我们想说，美国地质学家连续 50 年抵制某德国气象学家有关大陆迁移的合理论点，是对科学基本准则的"重申"？再或者，我来举个我从 20 世纪 80 年代起就一直试图游说经济学家的例子吧，难道我们的意思是，计量经济学里的那些制度，尤其是它对缺乏实质性损失函数的虚假设显著性检验的依赖，就比如格雷夫与莫吉尔那些令人窒息的所谓"最新前沿经济研究"，是对科学基本准则的重申？计量经济学的"基本准则"肯定是，如果我们要断言某种经济效应存在，那我们就得判断它的量级，而且我们也能通过某种适切的、确定的观察来得出这一判断。很好。但是，自打埃奇沃思以来，几十位学界领先的理论及应用统计学家都已证明了，这种显著性检验并非对这一规范的重申。完全不是。然而，计量经济学科始终在持续以这样的方式教导本专业的研究生，使得他们根本无法去做定量思考。这就是他们所理解的"延续"。

奎多·塔贝里尼引用了一些对美国各州及其他地区的计量经济学研究结果，这些研究将"宗教"定义成一种无知的原教旨主义，他问道，"我们如何确定导致经济快速发展的原因是资产阶级伦理的传播（以及与之相关的对具有商业价值的创新的推崇），而非对一般创新的开放态度？"确实啊，怎么确定呢？"一般创新"——比方说，17 世纪的意大利音乐，莎士比亚时代的英国诗歌，或是同时代的英国及西班牙戏剧——有可能是经济中经商业化验证改良的替代品。它是富有创造力之人的一条替代路径——别忘了，莎士比亚也曾是个商人。或者，也可能就像塔贝里尼所说的那样，它代表了某种一般能力的指标，就像智商一样。我在《资产阶级平等》中已经给出了大量证据，证明事实并非如此。我所有的批评者都忽略了这一点，我觉得我在《资产阶级尊严》（2010）和《资产阶级的美德》（2006）中说得很清楚了："伦理"并不是一种个人品格，它是整个社会对观点的一种品格判断。这是一个社会学问题，不是一个心理学问题。

我非常赞同塔贝里尼的观点，即"一般性的"伦理（有关他人品质的）才是经济成功的关键。正如我刚才所说，关键是要认识到，伦理之所以重要，并不在其构成，而在于它如何造就人们看待他人的方式【他引用了塔贝里尼与格雷夫合著的作品，其中他正确地认识了封建时期的中国，但却不承认部落主义在欧洲也发挥了巨大作用。所有的前工业社会都是以部落形式来组织的。比方说，很久以前，爱德华·班菲尔德（Edward Banfield）描述他所居住的梅索兹阿诺（Mezzogiorno）村庄为：是在"无伦理家庭主义"下运行的。这是一种极为狭隘的部落主义，但黑手党、克莫拉和民主党却将它扩大了】。总之，这种一般性的伦理，才是《资产阶级平等》所要强调、研究并尝试去解释的。一句话，关键在于自由主义的兴起，在于这个疯狂的理论所认同的"人人生而平等，既不从属于部落酋长，也不依附于部落习俗"的理念。

没读过我的书不是塔贝里尼的错，他写作的时候，我的书（《资产阶级平等》）还未出版。但他批评我没读过他的作品，所以我想如果我现在改变主意那就算是扯平了（要不就当我刚才没说……）。他提出："以思想为基础来解释经济与政治的发展，这种方法存在第二个明显困难，即思想是内生的。这些思想从何而来，为什么它们是在这些地方、这些时刻才传播得如此迅速，而不是其他地方和其他时刻？"塔贝里尼认为"思想是内生的"，这个假设太过轻率，他没有意识到这一论断在科学上的错误性质，当然，它确实是唯物主义的信条，但并不因为这样它就一定具备显著的科学性。比如，人们想知道，爱因斯坦何以成为基础生产资料之下的纯粹上层建筑产物。或者更重要的是，人们想知道，要是没有斯密、熊彼特、萨缪尔森和阿罗，经济学史会是什么样子。或者就这里的问题而言，要是没有诺斯的话会怎样。

但无论如何，思想从何而来，如何传播（是缓慢传播，而不是像塔贝里尼所说的"迅速传播"，尽管这速度还是比那些据称造就了现代世界的制度的变革要快些），以及为什么是在这些地方而不是在其他地方发生，这是《资产阶级平等》所要探讨的主题。特伦斯·基莱（Terence Kealey）和乔尔·莫吉尔注意到欧洲自由科学的兴起，当地有难以计数的科学中间俱乐部，他们还将其与中国 1644 年后在满清统治下的集权统治状态做了对比。比方说，宗教改革的主要影响并不是通过马克斯·韦伯所强调的那种对宿命选择的焦虑所产生的，而是通过增加激进改革中普通信徒的尊严来实现的（与史学家所说的路德、加尔文以及亨利八世的大法官改革相反）（我想说的还有很多，实际上还有大概 1700 页的篇幅，但我希望你能购买然后阅读《资产阶级时代》三部曲，尤其是得买）。

塔贝里尼在严厉批评我的方法论观点时，又在兜售实证主义的教条，而不是推崇事实或是常识。他说："我们应该从个体决定出发，去解释社会现象。"这听起来无可厚非。可谁说非得这样？有时候我会拿我心爱的研究生同学汤姆·萨金特开玩笑，他说："宏观经济学必须建立在微观基础上。"然后在说笑中我问他："但这是为什么呢？"他回答说："宏观经济学必须建立在微观基础上。"我又问："但这是为什么呢？"他又回答……另一个例子是康德在《道德形而上学基础》（*Groundwork of the Metaphysics of Morals*）的第二页声称我们不能使用人类学——也就是我们对人类的了解——来制定伦理原则。"我们必须这么做。""我们必须。"但是，康德和塔贝里尼在任何地方都没有给出这种"必须"的理由。

在重读了经济学家普遍认同的、骇人听闻的业余哲学教条之后（如果塔贝里尼想认真研究，我推荐 1994 年出版的《经济学中的知识与劝导》一书），塔贝里尼概述了如何将思想还原为经济激励因素——又是唯物主义教条。他与其他批评我的亲爱的朋友们一样，希望我们经济学界像从前一样无视人文学科，拒绝从文学院吸取养分——尽管在说意大利语和其他语言（如果从 19世纪末起教授的不是英语的话）的地方，他们也教授科学。

这就是我的立场，被萨缪尔森式新制度主义猛烈抨击的立场。

第十二章

然而，我们仍可相信

人文经济学

丹尼尔·克莱因（Daniel Klein）是可敬的乔治·梅森奥地利经济学派的另一位人文经济学成员，他在 2012 年写了一本囊括了上述所有主题的著作《知识与协调：一种广义的阐释》（*Knowledge and Coordination: A Liberal Interpretation*）。该书的优点之一就在于它的学术性。事实上，克莱因就连与他意见相左的人的文章都读了，真令人赞叹。乔治·施蒂格勒是个非常风趣的人，虽然他的阅读能力很差，而且还是个跑偏了的政治经济学家。他曾经说过，"约翰·斯图尔特·密尔可能是有史以来最不偏不倚的经济学家了，在理论研究上，他一视同仁，这是其他经济学家都没有做到的"。克莱因是公平的——也许他达不到密尔的标准，但他也远超平均值水平。所以你在读克莱因的书时会有一种感觉："其他人"事实上想要表达什么呢。"另一方的意见也要听。"

克莱因的哲学及人文学科分类技能也很出众（我特别欣赏这种技能，因为我具备）。比方说，他对"串联协调"（一种从上面看起来令人愉悦的社会秩序）和"相互协调"（人们自发地排好自己的计划，就像在"谢林点"上一样）二者做了有益的区分。克莱因的另一个创造是"反应"，这是"我们对新鲜的信息片段所做出的非常自然的回应，这些信息就像雨点一样落在我们身上"。他并不将其局限于某种像是本地丰田凯美瑞二手车市场价格分布这样的信息，施蒂格勒认为，这种信息需要通过收集碎片、开展常规投资来加以辨别。克莱因一方面将"反应"与施蒂格勒式的"信息"区别开来，另一方面，他又将其与探索型生物的"顿悟"做了区分。克莱因的老师伊斯雷尔·柯兹纳表示"市场体系中最令人印象深刻的方面就是对（创新）趋势的发现"，这是没错的。但施蒂格勒等萨缪尔森主义者所钟爱的静态效率则不符合这一特性【然而我们在微观经济学科中所教授的内容，却是这些有关静态效率的细枝末节，而不是可以引发创新的社会生活习惯。比方说，早在 1985 年，我就在《应用价格理论》（The Applied Theory of Price）一书中讲过了。静态细节很好，而且它们往往也很有用，但是我们需要学习更多的东西：人文经济学里的价格理论】。

我刚才说过，克莱因是柯兹纳的学生，他对拉比的解释是，"当处于经济自由制度下时，实质性的、有益于社会的顿悟更常发生，这不仅是因为存在更多的机会，也是因为此时的解释能力更先进，也更容易被唤醒"，因为有更多的实践机会。尽管柯兹纳强调，"发现"取决于一种内部洞察力——在那个灵光乍现的时刻，人看问题的方式突然就发生了变化——但他也认为，自由放任创造了一种能实现"利益"的环境，正如他所言，要创新。当然要创新。但是，柯兹纳和克莱因所谈论的"利益"并不仅是基于谨慎原则的马克斯·乌式思维。它不仅和金钱相关。它有关于人类与其生活的密切联系，它通过我们所讲述的故事发光发亮。例如，美国民谣歌手安妮·迪芙兰蔻（Ani DiFranco）就在音乐中表达了自己对商业的激烈反对。为了分析利益与顿悟的结合体，也就是企业家精神，克莱因重新讲述了萨默塞特·毛姆（Somerset Maugham）的故事《教堂堂守》（The Verger），在故事中，一个目不识丁的仆人变成了一名企业家【这是克莱因书中的另一个优点，他对从人文学科中得出的见解，对我们的故事、隐喻，以及对之进行评价的《希伯来圣经》（Tanakh）、《密西拿》（Mishnah）以及《犹太法典》都很友好，他把它们当作严肃的科学数据。我确定，克莱因是人文经济学的实践者之一。其实柯兹纳也是，只不过他的作品文学性更弱一些——不要忘了，他对犹太神圣文学也是掌握得很好的（虽然这多少有点奇怪，但他从未在自己的经济学作品中引用过它们）】。

人们发现，利益与顿悟的有效结合也得益于自由的言论及行动环境。17 世纪起，印刷术、宗教改革及欧洲政治权力的分化开始允许多种声音出现，这就等于承认了"思想有性"的状态。然而，个体的内部也是如此：我们每个人的内在利益都存在多元性，它们有些会被宣之于口，有些却心照不宣——这与马克斯·乌的"忠贞不二"截然不同。克莱因使用了麻省理工学院计算机科学家马文·明斯基（Marvin Minsky）提出的"多重自我"观点，并做了如下引用，"即使是我们自己'得到'的想法也来自社群——这次是我们大脑中的社群。""事实是，"明斯基继续说，"人脑会在不同领域持有不同观点。"换句话说，克莱因已经逐渐背离了柯兹纳关于"警觉的企业家"的非社会性看法。克莱因说："今后，（企业家）很难单独行事了，他得与人合作。"我向大家推荐弗吉尼亚大学达顿商学院的管理学经验派学者萨拉斯—萨拉斯瓦西（Saras Sarasvathy）的研究成果。她在自己的创业生涯中恰恰就展示出了这种招徕合作者的修辞技巧。然后我们再想想纳尔逊勋爵。

该书中的另一个克莱因式的观点是：从对创新的阻滞中所获取的利润具有自我修正的特性。"陷阱本身会生出更好的机会，它会促使企业家去超越自我。"这是一个极具奥地利学派特色的见解，也就是说，它认为不平衡是产生获利机会的必要条件。是的：对创新的阻滞会使任意一种创新突破产生更高的回报（朗格卢瓦的观点，请注意）。考虑一下新冠肺炎大流行之后，政府所采取的封锁措施，以及因此而产生的一系列创新。克莱因所说的"陷阱"指的就是政府的阻挠和垄断。但是，获利机会的受益方是寻租者，而非经商业验证的创新探索家。所以，在印度钦奈，政府倾向于大规模地实施——从长远看来是得不偿失的——海水淡化项目，以解决迫在眉睫的干旱问题，因为这种项目适宜累积政绩。这些偏见在政府决策的过程中一直存在，无论在民主国家还是暴政国家——比方说，巴西决定建造巴西利亚，或是丹麦要在足够通往欧洲大陆的隧道上加建一座壮丽的桥梁。

此处有一个骇人的事实，我们可以用古老的芝加哥学派以及马歇尔经济学的进入及退出理论对其进行分析。我曾感叹于真正的经济学（弗农·史密斯称其为"生态"经济学）的失落，基于萨缪尔森学派已经胜利地将经济学简化成了个体层面的马克斯·乌式思维（"建构主义"经济学），真正的经济学已经被赶出了年轻经济学家的大脑。诸如"禁毒战"一般的禁令为寻租者创造了机会，而真正由进步所带来的利润已经被挤兑得所剩无几。你可以在非裔美国人生活的底层社群找到证据。"禁毒战"是针对贫困黑人的战争，它诱使年轻人从事毒品交易，接着判决他们接受长期监禁，破坏他们的家庭生活。

怀抱此般价格理论的人文经济学，支持了克莱因对自由主义的核心（斯密式）关注，进而也支持了一个自由的社会。他指出，在自由及理性的社会中，人们不会因为逃避欠考虑的禁令，或者躲避不明智的荣誉而错过获利的机会，并因此而被引导到一条错误、无知或是缺乏警觉的道路上去。不是幻想着用新的方法打败禁毒机构——想想《火线》前三季中的斯金格·贝尔（Stringer Bell）——而是邀请那些警觉者去幻想全新的"于社会有益的顿悟"。当然了，打败禁毒机构也是一种"社会效益"，因为毒品消费者乐意为善于规避法律的人所提供的服务付费。但是，这种效益就类似于让一个在用头撞墙的人停下来。更直接的方法是让他刚开始就不要撞（比方说，不要发动毒品战争），让大脑活跃起来，去替代依靠石油与手机所开展的创新，并为这种创新提供有利的环境。

换句话说，存在着两种利润，一种需要绕过政府设置的障碍，而另一种需要克服想象力匮乏的障碍。如果一种顿悟能够引领我们发现一种绕过障碍物的新方法，无论这种障碍物是人为制造的还是自然存在的（也就是柯兹纳所讨论的经济增长下的免费午餐项目），它们都能够带来纯利润。这两种利润都能够快速实现，即便它们会同时引致可怕的"自然垄断"的魔咒，但在它们进入市场的时候便会受到驱动并且快速产生利润。政府是真正的市场主宰者及永久垄断者，它们武装自我，受雇于垄断方，攻击私人及临时垄断者，而后者的"武装"其实只是对吸引消费者筹码的一种暗喻，就像 iPhone 那样。请注意，"绕过政府设置的障碍"能够带来的利润是有限的，它的上限就在所有障碍都被清空的时候。没人拿头撞墙，建议一个人别这么干，或是设计有益的小心机去绕过这一障碍也不会产生任何社会效益。但是，克服"想象力匮乏的障碍"能带来的利润是无限的。可以肯定的是，认为"从事性行为的人增加了，会使人口规模扩大"，这是我对世界所断言的一个或然事实，不是一种先验证明。但它确实就是现代世界的来源。

* * *

因此，丹尼尔·克莱因是一位很有学术素养的企业家，他观望新想法的态度很警觉，同时探寻它们的方式又很活泼。不过，人们可能会问，他是在什么样的市场环境下验证他的想法的。换言之，这种想法是放之四海而皆准的吗？例如，我与克莱因一样，我对我的萨缪尔森主义好友们，对他们对于马克斯·乌式思维及新制度主义还有其他流行学说中均衡说法的荒唐迷恋就非常不满（我本人也曾是萨缪尔森主义的拥护者，但这无非只让我更为热切地渴望能够说服我曾经的同盟们修正他们的想法。就像克鲁泡特金派的无政府主义者、左翼民主党人、社会工程师或是社会主义圣公教徒一样，他们也都曾是我的子民，尽管他们也都被误导了）。

我注意到，萨缪尔森主义者痴迷基于马克斯·乌的方法论——个人主义的机械模型（萨缪尔森主义者宣称"这就是'模型'"，然后心满意足地走掉），导致经济学家们陷入一种立场，即：在想象的马克斯·乌的世界里存在一些能带来均衡的必要市场条件（无限数量的交易者、信息对称性、各方的诚信、完全"理性"的消费者），假设这些条件被违反了，那市场也就不起作用了。不可否认，这个论点是不合逻辑的。因为正如我所言，必要条件和充分条件不是一回事。弗农·史密斯、巴特·威尔逊以及其他市场领域的实验家（而不是那些对个体行为关注过头的行为经济学家，以及他们依照马克斯·乌式逻辑所制订的计划，及其对方法论个人主义的僵化依附）已经证明了，人类实现效率的速度可以是何其之快，尤其是当他们能彼此交流的时候。无论从充分到必要的这一系列举措有多不合逻辑，但是自从庇古和保罗·安东尼·萨缪尔森首次阐明这一观点至今，它已经发挥了极大的力量。就像我所说的，其中最为粗糙的版本（连非经济学家都听说过）都转向了对"完全"市场这一恼人词汇的攻击，而经济学家使用这一词汇已有一个世纪之久了。"好吧，"萨缪尔森主义者决心倡导全新的政府市场监管措施。但是"完美是不存在的。所以，我们得由'假定完美的'政府来监管并为项目输送新鲜血液"。

我对肯尼斯·阿罗略知一二，他也是我很敬佩的人。他同他的姐夫萨缪尔森一样，也是一位宽容、和蔼、极其智慧的经济学家。然而，丹尼尔·克莱因没费多少力气就找出了阿罗在1974 年所下的一个古怪断言，这是一条典型的庇古—萨缪尔森—阿罗—哈恩—斯蒂格里茨路线的断言，"信任及与之相似的价值，像是忠诚、讲真话，都属于经济学家所称的'外部性'的实例……它们并不属于那种在技术上可行、内涵上具备意义的，能够被放到公开市场上进行交易的商品。"啊？哦，阿罗啊阿罗。克莱因在"你及其贸易伙伴的诚信"一章中轻轻松松就举出了几十个有关市场的例子，就比如芝加哥的老马歇尔 – 菲尔德百货公司倡导诚信、忠诚、讲真话之类的美德。我担心，如果像肯尼斯·阿罗这么聪慧的经济学家都会忽视诸如受雇的检测人员、经纪人、品牌、特许经营、消费者报告、网站以及八卦消息这一系列明显的保障性机制与市场表现之间的关系，那么，我们要如何说服他人相信真正自由的社会是会带来好处的呢？

因此我们说，萨缪尔森式的创新方法在科学性上是存在严重问题的。克莱因认为错误之处在于，他们将类似柯兹纳式的那种企业家精神排除在外了，甚至在某些情况下，就连弗莱克·奈特这样聪明的大脑都会弃之不顾。这种遗漏，与将经济学窄化为已知一切博弈规则的马克斯·乌式玩家有异曲同工之处。肯尼斯·宾默尔（Kenneth Binmore）对这种观点做了尤为无知及教条的阐述【顺便一提，宾默尔接受的是数学家而非经济学家体系的训练；但不同于另一位经济学数学博士史蒂夫·兰茨伯格（Steve Landsburg），宾默尔一直在学习传统的价格理论】。他趾高气扬地写道："博弈论者通常假定，博弈规则及参与者的偏好都是众所周知的。"天呐，这不仅是诺斯的假定，也是萨缪尔森的假定，同时这是一条愚蠢至极的假定。人类的博弈规则无时无刻不处于讨论之中，无论是在法院和国会上，还是在广场上，都是如此，所以，将博弈论中的社会比作一盘西洋跳棋游戏，这或许能给我们带来一点偶发性的启示，但它离形成通用社会科学还有很长的距离。

克莱因说："经济学家和博弈论者通常假定代理人会以明确且终极的方式来解释一切，以此来确保该逻辑是一个闭环……模型确实教会我们很多东西……但是过度接触（马克斯·乌）模型……会损伤我们看到一些本该看到的东西的能力……有些东西甚至是已经放在眼前的。"比方说使自行车手保持站立姿态的微分方程，有关这一点，可参照迈克尔·波兰尼（卡尔更为聪明的弟弟）。"我们忘记了我们所要说明的知识"，比如诺斯的博弈规则，"是建立在个人以及隐性的知识之上的。"因此，我们才需要人文经济学。

* * *

但是，要如何推销这样一个反萨缪尔森的想法呢？克莱因和我二人的说服力将面临挑战。即便只是保罗·萨缪尔森、肯尼斯·阿罗或是道格拉斯·诺斯理论在而立之年的初级版本，我们又能如何去撼动它们呢？克莱因的策略是引用哈耶克或柯兹纳的论述，然后通过呼吁新的奥地利经验主义传统来支持他们的理论主张——这是为什么会有他的老师唐·拉沃伊（Don Lavoie）、劳伦斯·怀特（Lawrence White）及他的其他同事唐纳德·布德罗（Donald Boudreaux）、彼得·勃特克及其门生，比如艾米丽·查摩尔赖特和维吉尔·斯托尔（尽管非常奇怪，克莱因的书中没有引用他们任何一个人的观点）。克莱因列举了一些有关自由市场开辟道路的惊人案例研究，比如其中就包括他自己和约翰·马耶夫斯基（John Majewski）对北美殖民时期的历史性转折点的研究。

但考虑一下哈耶克的另一个主题，也就是启蒙运动的两种理想之间的对比。一种理想是自由，克莱因、哈耶克、亚当、史密斯以及我都很钦佩这种自由，在这种自由之下，人们进行创新，在大部分通过自发形成的良好秩序，比如语言、艺术或科学之中找到自我的价值。这种实用主义的理想是苏格兰启蒙运动的特色目标，尽管法国早在一个世纪以前就给出过它的主导价值观：自由放任，让其通行。克莱因写道："斯密特的寓言应该要被深化，以此来更好地表述有关市场交流、社会合作和其他基本理念的经济话题。"的确如此。

相形之下，法国启蒙运动过度推崇理性，因此也推崇专家统治，而亚当·斯密对这种统治是非常不屑的。自信满满的法国人将这种传统继承给了自己的现代后裔庇古、萨缪尔森、阿罗以及斯蒂格里茨。他们的理想是理论性的，而非实用性的。例如，阿罗的不可能定理源于法国人孔多塞（孔精通法语），他坚持"不完美毋宁死"，却忽略了穆勒式的"相当好"的民主的实效性折中意义。再比如，左派萨缪尔森主义者对平等或是"社会正义"的追求是伴随着理性的社会工程而来的，因为根据《经济分析基础》中对 20 世纪 30 年代"新"福利经济学的阐述，这样的好东西就是这么得以实现的。这是一种数学功利主义。取之于彼得，用之于保罗，因为保罗才是更好的快乐机器，或者从专家暴政的角度来讲，保罗就是更好一些。正如克莱因在其无数生动的比喻中所观察到的，假如一个人依照社会工程原则去经营一个滑冰场，那么"为了避免碰撞，（规划者）将不得不……（使滑冰运动变得）缓慢而简单……（滑冰者）将无法从中体会到快乐与尊严，而这种快乐和尊严恰恰就来自于对自我路线的开拓"。世界上有许多可以进行互利交流的机会——这个过程中也不可避免地会产生偶然的碰撞，而"对自我路线的开拓"，可以把人从一种明显基于自私自利的自发秩序当中解救出来。正如克莱因所解释的，"产生碰撞的一个重要特性是相互性"，就像在市场上进行交换一样。"如果我不与你碰撞，那你也不会撞到我。如果我没有成功地让你赞同一笔会伤害到你的交易，那么你也不会被我们最终达成的这笔交易所伤害。""在避免你撞到我，进而提升我的利益的时候，我也避免了我撞到你，进而提升了你的利益。"于是，正如斯密所预想的，显著而简洁的自然自由体系可以产生相当好的效果，就像"拉尔夫的相当好杂货店"。

萨缪尔森主义者想以法国理性主义的风格引导社会产出理想表现，而且他们确信自己就是执行这份引导工作的天选之子。在这方面，他们更像是律师，而不是经济学家。他们期待着黑体字法和国家强制垄断来决定，比方说，经济的归宿，他们大谈特谈要"设计"法律条文来实现这样那样的目标。在此我要回顾一下，在20世纪60年代，我们哈佛大学、麻省理工学院以及斯坦福大学的年轻经济学家是如何自信满满地确信经济是可以被"设计"的，也就是说，它是可以被"微调"的。除去当时在另一个领域——也就是越南战争中的明显设计及微调失能之外，这种胆大妄为的想法主要败在缺乏量化证据的说明上。比方说，即便是一板一眼的美国（更别说是以色列或是巴西了），也在 20 世纪 70 年代末经历了每年 13.3% 的通货膨胀率，这个量级，足够打脸我的首位经济学老师奥托·埃克斯坦所提出的工资 – 价格螺旋理论了。

* * *

这就是我的观点。我在本书中一直建议，作为克莱因的哈耶克及柯兹纳式叙事法及案例研究的一种替代策略，我们必须要以量化研究为根基来展开对理性派的批评。这在反对萨缪尔森主义者的视角上可能是成功的。他们醉心于无意义的存在定理和统计显著性检验（顺便说一下，阿罗着重赞同了统计显著性的无意义，他也在早期出版的作品中表明过这一态度）。但他们认为自己也坚持了另一种修辞，这种修辞在 18 世纪，尤其是 19 世纪得到了极大的发展：数量、计算、会计、重要性、数量级。博斯韦尔对约翰逊说："亚历山大·迪克（Alexander Dick）爵士告诉我，他记得一年内曾有一千个人在他家吃饭；也就是说，每次有人过来吃饭，都要被计一次数。"

约翰逊：那么，先生，大约是一天三个。

博斯韦尔：你这种说法削弱了这件事情的力度。

约翰逊：先生，这就是计数的好处。它使每件事情都变得确定，而在这之前，这些事情在人的头脑中是悬而未决的。

博斯韦尔：但是……人们会对这种"削弱"觉得遗憾。

约翰逊：先生，你不该为自己犯了错感到高兴。

为了说服萨缪尔森主义者转而支持真正的自由社会，我在此建议善用他们自以为的对于"数量"的依恋。

克莱因准确地将"事物大体如何运作"归结为一种马歇尔思想，这才是问题的关键。如果你要确定某件事情在"大体上"是真的，那你就得在全国范围内进行测量。针对个案的研究，除非推断出的是极限结果，否则也没有说服力。因此，你就得注意你的测量里可能存在的偏见和谬误（而不仅仅是抽样错误）。我已经说过，基于上述原因，存在定理与经济科学根本毫不相关。它研究的是"开/关"，而不是"大体上有多少"。

以前，人们对近似值的敏感度因为对乘法算尺的依赖而大大加强了。除非你每次滑动算尺的时候都去提醒自己正在计算的数量级，这样才能正确定位小数点的位置，否则根本没法算出合理的结果。数量级的概念已经钻进你的脑子里了。20 世纪 70 年代，算尺被火速淘汰，孩子们的计算开始被以 8 位或是 16 位的"准确度"来衡量了，数量级不再有市场了（我们这一代使用算尺的人也是踩着将近两米高的积雪步行上下学的，来回的路程都是上坡路）。

例如，人们可以证明，现有的济贫项目规模都太小，无法实现济贫目标。考虑一下分配正义论中的统计数据。如果美国各级政府将征税所得国民收入总额的1/3 或是更多真正用于济贫事业，那美国就不会再有穷人了。我是依靠工程学和算尺思维得出的结论。假设这 1/3 中有 1/4 给了穷人——这个数额远低于人们在谈论政府"济贫"时所能想到的比例。结果当然就是，按照假设，国内生产总值的 1/3 × 1/4=1/12 会被转移作为济贫事业的专项款。按照 2006 年的数据计算，大约就是 1 万亿美元（当时我在《资产阶级的美德》中首次做了计算，参照第 44~45 页）。根据官方对贫困线的定义，2006 年，美国有 3400 万人生活在贫困之中，占到了总人口的 10% 以上。尽管自 20 世纪 60 年代以来，肯尼迪和约翰逊总统开始高度关注贫困人口的生存境况，从而使这部分人口的比例已经大幅下降了，但目前的数据仍然令人震惊不已。可是，不管问题的规模有多大，政府似乎都不是解决的良方。假使政府能解决这个问题，那么按照 1/3 的 1/4 假定，每个穷人都能从政府那里得到相当于 1 万亿美元除以 3400 万人口的商品和服务。也就是说，每个贫困的男性、女性和儿童都能得到 3 万美金。虽然这个数字仍然不及 2006 年时 4 万美元的人均国内生产总值，但是，没有人会觉得一个有两个大人、两个孩子，每年能得到 12 万美元的家庭是个"贫困家庭"。能有这个水平的收入，就不存在穷人。但穷人确实存在，那 3400 万个贫困人口是真真切切地存在的。所以，政府说把税收及相应的福利主要地，或者比较大量地投入到了穷人身上，这一定是在瞎掰。实际数额远低于 1/4。有没有一种可能，这些福利主要流向的是有投票权的中产阶级，而不是流向没有投票权的穷人阶级？这种服务于政治的经济举措，会带来更多流向高等教育的补贴，会为大学生提供更多在政府就业的机会，会使政府花费更多的钱去整修大学毕业生居住的独栋别墅外的道路，还会导致警察队伍对于大学毕业生的格外优待。有可能会是这样。

当然，最重要的例证，还是工会或者政府的规章制度不足以解释财富大爆炸的出现。1900 年的经济生产力是极为低下的，1800 年的更低。要想让大部分人过得更好，唯一的办法就是大幅提升经济生产力。创新主义做到了。工人持有的份额基本保持不变（在 19 世纪和 20 世纪，随着地租的下降，工人持有的份额长期处于攀升态势），尽管在 20 世纪 90 年代和 21 世纪初这个数据下降了几个百分点。劳动力份额是由劳工的边际生产力和竞争共同决定的。它并未发生很大的变化。因此，即便是最穷困的工人也分享了生产力提升的成果。

撇开新制度主义和其他非自由的行为主义科学，将所有人文经济学的分支整合到一起，你就会收获一个事关生命、自由、对幸福的追寻的真正的自由主义的论点。

第十三章

诚然，我们拯救不了"私人的
马克斯·乌（Max U）"

由于非自由主义的左派或右派传统经济学家在研究生院里不再学习哲学，或者可能是由于他们在本科阶段所学习的哲学类别本身就是激烈地反对伦理的——就像是符号逻辑课程，或是 1920 年左右的那种自始至终贯穿着逻辑实证主义的社会科学方法论课程——他们对伦理学一无所知。不要忘了艾哈德和詹森。

　　或者，正如经济哲学家马克·怀特（Mark White）近期在一本文集中的观察，这本文集对经济学家的伦理养成方式做了整理，结果发现他们只有两种思维：帕累托改进和卡尔多 - 希克斯补偿。帕累托改进：如果所有相关人群的境况都能通过一个项目得到改善，那这个项目就该执行到底（但是哪些人才算是相关人群呢？）。或者，更弱的，卡尔多 - 希克斯补偿：如果在一个项目中，赢家能够在假想中补偿输家，那么这个项目就该执行到底（但为什么是"能够"补偿？为什么不是实际补偿？）。卡尔多 - 希克斯补偿成型于 20 世纪 40 年代，换种方式来理解，就是如果人均 GDP 上升的话，我们就该庆祝。哈伯格在 1971 年的一篇经典论文中对传统观点做了清晰的阐述。

我不像我的许多左派友人，我对传统论点没有那么愤慨。左派说："瞧瞧你们所谓的进步到底伤害了谁！"有关左派不满的一个延伸性案例，是历史学家肯尼斯·彭慕兰以及史蒂夫·托皮克（Steven Topik）在报纸上发表的一系列富有启发性的文集《贸易创造的世界：1400 年至今的社会、文化以及世界经济》（*The World That Trade Created: Society, Culture, and the World Economy 1400 to the Present*，2006）。彭慕兰和托皮克都是可敬的左派人士，他们巧妙地讲述了历史上那些输家的故事，即便他们没有满足帕累托改进，可能也满足了卡尔多 – 希克斯补偿的要求，但他们最终还是没能带来 GDP 的增长。但是，这本书讲的从来都不是赢家，它讲的是输家，比如它讲了在美国中西部农业中收获了用于打包的纤维制品的、被剥削的中美洲劳工。它从未提到，1800 年至今的财富大爆炸使得中美洲最穷困的群体的人均收入也增加了，不是增加了 100%，或者 500%，而是增加了数千个百分点。

与我的左派友人不同，我非常愿意像伟大的汉斯·罗斯林（Hans Rosling）在其遗作《事实》（*Factfulness*，2008）中那样，赞扬这种由经济自由主义所带来的商业化验证改良，因为它为穷人带来了数千个百分点的收入增长。是的，汽车的发明使马车鞭子制造商和他们的技工人员受到了伤害。对此，我的答复与我亲爱的朋友以及前同事哈伯格一样，"不用担心。如果要担心，也不要过分担心"。

马克·怀特指出，卡尔多 – 希克斯补偿是一个功利主义的标准，它不符合康德的"不在违背他人意愿的情况下使用他人"的规则。最受经济学家青睐的，是功利主义最粗糙的一种形式，它把美元……呃，人际间可比较的社群效用迭加起来，然后甩手走人。不必担心分配问题。当然，正如经济学家唐纳德·布德罗常说的：断言因最低薪资提升所带来的失业人口的美元损失（比如说法律规定的收入为零而不是收入为正的人），与那些拿着高薪工作中的最低薪资的员工的收益持平，这种论调是非常疯狂的。到底是什么样的伦理体系，才会认为为了帮助有一定技能的穷人而去损害缺乏技能的极端穷人的利益，是可以接受的？最极端的例子是在南非，在当地，由南非工会联合会提出的高额最低薪资标准使得数百万的非工会成员失业，超过 50% 的黑人人口只能坐在夸祖鲁－纳塔尔的高地小屋里无所事事。然而，人们每天都能听到左派经济学家对所谓最低薪资的净收益进行这样的计算——这些摇摆不定的左派人士并不忙于直接否认劳动力雇佣的需求规律（尽管他们肯定了购买香烟或是含糖饮料的需求规律）。而当提及有关最低薪资标准所产生的不合伦理的后果时，他们说："不用担心。"

在电影《拯救大兵瑞恩》（Saving Private Ryan）中，1944 年，诺曼底被入侵，在之后的几周里，大约 7 名美国陆军游骑兵组成了一个连队，他们冒险进入一片高度警备区，想要找到大兵詹姆斯·瑞恩（James Ryan）并送他回家，而瑞恩的其他 3 名兄弟都刚被报告阵亡。正如连队中的某人漫不经心地指出，这次远征没有任何功利性的意义。7 : 1。

1978 年左右，芝加哥大学经济系在圣公会神学院食堂举办每周一次的午餐会（这种极具讽刺意味的搭配并未逃过我们的眼睛；但更讽刺的是在几十年后，经济系扩大，并接管了当时已经倒闭了的神学院的教堂主楼，真正把上帝变成了财神）。加里·贝克尔（Gary Becker）的一名学生对美国各州做了回归分析后得出结论：每处决一名被定罪的杀人犯，就能防止其他 7 宗谋杀案。加里在午餐时间向我们陈述了这一点。我表示了反对——当然，当时我的伦理清晰度还没达到我现在的程度——政府的官方处决与私人谋杀不是一回事。允许处决（相比于社会中的其他粗制滥造的制度设计），就相当于把政府抬上了神坛，认为它无所不能。毕竟，我们还可以通过处决犯罪者来阻止超速停车的行为，这个比例可能是 1000∶1。但是处决杀人犯和超速停车并不属于同一种伦理范畴。加里的表情变得轻蔑，就像他经常在论辩中所表现得那样。当他端着午餐盘大步离开时，他怒气冲冲地对我重复，"7∶1！7∶1！"几十年后，他又与亚历克斯·塔巴洛克（Alex Tabarrok）就同一问题故技重演。加里的伦理思维毫无长进。

诚然，正如伦理哲学中的"电车难题"，有的时候，7∶1 的比例在伦理上是具备决定意义的。你要在两条轨道之间拉动开关，推动失控的手推车转向，那么你是选择杀死绑在 A 轨道上的 7 个人，还是杀死绑在 B 轨道上的一个人？当然，就这个问题本身而言，在缺乏有关受害者其他信息的情况下（比方说，没有人告诉你这 7 个人是如假包换的杀人狂，而那一个是个大圣人），你会选择杀一个，而不是 7 个。

或者现在是让你去杀一条狗，而不是杀一个孩子。那问题也会简单一些。我记得，1967 年，我在英国广播公司（BBC）听过一个采访，受访对象是一个极端的动物权利倡导者（英国早就有这样的人了。皇家防止虐待动物协会在 1824 年就成立了。但是皇家防止虐待儿童协会却直到 1884 年才成立。不要打马。打孩子就好了）。采访者试图诱导这位动物权利倡导者说："假设你在一个漆黑的夜晚开着车在乡间小道上飞驰，两边是密不透风的树篱，你以最快的速度转过一个弯，接着惊恐地发现路边有两条道，一条道上坐着一个婴儿，另一条道上有一条狗。你必须杀死其中一个（所以这是一个'电车难题'），你要杀哪一个？"漫长的沉默过后，这位倡导者回答说，"我希望我永远也不必面对这样的抉择。"

或者再想想关税保护的例子。由于美国商务部长曾是钢铁业的代言人，加上特朗普的主要贸易顾问又是一位对《经济学 101》（Econ 101）中应知内容一知半解的经济学家，这使得特朗普政府下了决定，要对进口钢铁征收关税。而我们这些有经验的经济学家可能就会抱怨说，从钢铁行业里省出来的工作机会，远远比不上钢铁行业里丢掉的那些工作机会。7∶1。卡尔多－希克斯补偿，虽然这么说挺功利主义的，但是从修辞角度上讲，这并不完全是个愚蠢的论点，毕竟像彼得·纳瓦罗（Peter Navarro）这样的人，是把保护美国的就业数量当成所谓的相关伦理标准来看待的。

说到这种卡尔多－希克斯模式，圣路易斯联邦储备银行的经济学家马克西米利亚诺·德沃尔金（Maximiliano Dvorkin）就曾以这种方式估计过：从 2000 年到 2007 年，美国在与中国的竞争中损失了大约 80 万个工作岗位（顺便说一下，这在我们认同的因理想化技术变革而"损失"的工作数量当中只占到一小部分，就比如录像店的消亡以及其他工种的转移或淘汰。但在这 7 年中，这类劳动力在 1.4 亿的总劳动力里占到了几千万，并不是只有 80 万而已）。但根据德沃尔金的说法，同中国展开贸易可获得的工作数量与美国开展其他经济活动是一样的，所以这场贸易对工作机会的净影响是零【我刚才提到的因技术革新所引发的失业问题，放到更大的范围里也适用（抛开因为严重的管理不善所导致的新冠肺炎疫情下的隔离举措不谈），否则现在我们大家几乎都得失业】。但是，在对华贸易中发生的这种再分配与竞争所带来的更低廉的价格，使得全美的消费者在余生中的每年都会多花平均 260 美元的费用。按照当前的标准来折算一个资本总额，美国的对华贸易相当于一次性给了每个消费者一张约 5000 美元的支票。好吧，这也不坏。

然而，德沃尔金遵循的是"7 : 1"的伦理逻辑。《拯救大兵瑞恩》里的问题解决方式则截然不同。它没有超出我们的伦理文化范畴，它的解决并不仅仅诉诸于"7 : 1"的功利主义算法。汤姆·汉克斯（Tom Hanks）的上级以及公司的其他成员——包括我们这些看电影的观众都明白，这关系到更多的问题。比方说，这个任务就有关我们对自我的定义，即"会对一个即将失去儿子而感到悲伤的母亲产生同情的人类"。这关系到我们是否愿意冒着死亡的危险去尊重这样一种同情心。除此之外，它还关系到我们能否成为一名光荣的士兵，并服从至高无上的军令，直至生命的终点，比如，1995 年在斯雷布雷尼察，北约负责保卫穆斯林的荷兰营就极为可耻地违抗了军令。荣誉事关身份，"7 : 1"的准则则不是。

* * *

我注意到，经济界的左派和折中派（非自由取向的右派只会说"让输家见鬼去吧"）对卡尔多－希克斯更常发表的一种评论是：假如不给输家支付实际的补偿，那卡尔多－希克斯就是不合伦理的。左派文献中充斥着这样的言论，他们的目的是要更大程度地破坏市场经济及其所宣扬的进步成果，和彭慕兰以及托皮克一样，作者认为这既不道德也不真实。

好吧，但是卡尔多－希克斯对项目做功利主义辩护的最大问题就在于——比如在伦敦建造一条新的地下铁路——它对"项目"的定义本身（注意，这里的前量化科学工作，是必须由人文科学来完成的）。人类的每个行动都是一个"项目"。怀特的结论是："如果要认真对待补偿问题，就要把它纳入所有的卡尔多－希克斯检验之中。"但他又指出"所有存在利益重合的社会互动当中都会产生外部性"。是的，事实上，每种社会互动当中都存在利益的重合。19世纪40年代，亨利·大卫·梭罗（Henry David Thoreau）发明了一种新方法，在他父亲的企业里生产出了高质量的铅笔，他伤害了其他的铅笔制造商。如果因为这样就要向他们支付实际的补偿，那每个人的每个项目都需要得到这种补偿。这么说来，维多利亚线对穆尔岛也有影响，尽管这种影响非常微小。

这种程序的荒谬性是显而易见的。这一点可以被归结为"布德罗还原法"，之前我提到过奥地利经济学家、乔治－梅森大学的唐纳德·布德罗，他在批判贸易保护计划的时候就经常使用这一方法。我们从面包市场化悖论说起。正如约翰·多恩（John Donne）的著名诗句所言，"没有人是一座孤岛 / 可以自全 / 每个人都是大陆的一片 / 整体的一部分"。也就是说，人们买或不买，卖或不卖，参与贸易或不参与，改进制笔设备或是不改进，都会对他人产生影响，无论这种影响是好是坏。假如我买了一个面包，那别人就买不了。或者换种说法，我决定购买这个面包的行为，会非常、非常轻微地提升其他买主购买它的价格，把这种提升累加起来，刚好与我支付的价格相当。这就是市场经济学（我头回听到这个特别的观点，是在伟大的中国价格理论家张五常那里）。

现在来看布德罗还原法。根据卡尔多－希克斯的实际补偿原则，你不能买面包，因为只要你买了，你就侵犯了他人的权利。每个人都要为每件事、每个行为向其他人做出补偿。你应该能发现一个问题。正如布德罗为"还原论"所做的辩护："人人都应受的一种限制，就是人人都不能强迫其他人顺从他 / 她的选择。比如，我有以写诗为工作的自由，但我无权强迫你非得购买我的诗，我也无权阻止你把钱花来购买悬疑小说、电影以及同我的诗歌有竞争关系的其他产品。"补偿，意味着个人或是政府有权阻碍这种自由。这就不是在个人权利框架内的自愿选择。从逻辑层面执行这种补偿，是违背伦理的。

熊彼特将桑巴特可怕的术语"创造性破坏"推广开来，也带来了相似的恐慌及针对保护的建议。然而，需要被创造性破坏的并不是"资本主义"，而是任意一个渴望进步的经济社会。如果你并不想要改善境况，你不希望贫困人口能像自 1800 年以来的日本、芬兰或是其他国家那样能以 3000% 的速率致富，我们可以依然坚持陈旧的工作，让农民、货梯司机和话务员按兵不动，让大批的打字员继续在老式安德伍兹器械上辛苦作业，让杂货店里系着围裙的店员在柜台上为你递上一罐烤豆子。但是，如果你也向往创新——像是 1916 年 9 月在孟菲斯开业的首家自助式杂货店小猪扭扭（Piggly Wiggly），或是 1956 年北卡罗来纳州的一个烟草卡车司机发明运输集装箱那样的创新——那么，人、老板和股东所持有的那些机器和厂房，就必须退出历史舞台。人力和物质资本必须要重新分配。当然要这样。

　　这个数字到底是多少呢？现实情况令人震惊，根据美国劳工部的统计，每年有 14% 的工作机会需要调整。在一个渴望进步的经济体中，每年就会有这么多。你可以从美国新闻里看到每月劳工报告给出的净值——用因为厂房搬迁、创新或是进口替代所产生的新岗位减去同样的旧岗位所获得的净值，在情况比较好的月份里，这个值有 20 万。这么惊人的总值，应该要让更多人知道。要不断提升经济状况，就需要促使工人和机器设备搬迁、需要资源的再分配、人员的再培训、生产资料的转移以及大规模的创新，每年大约有 1/7 的工作需要面临这样的调整。又是一个"7：1"。

　　因此，由政府官僚来提供这种补偿、保护及补贴性再培训计划，要面临的最为粗暴的一个实际性问题就是：官员们并不知道 5 年后这些新工种会变成什么样，而要每年对 1/7 的劳动力进行补偿，这个数额是我们"负担"不起的。几年后，一半的劳动力要么得靠救济金活着，要么得继续从事旧工作，再不然就是接受不恰当的新岗位培训。在这个角度上，我们也可以试着让物质资本原地不动，引导补贴流向工厂和社区，而不是让人力和工厂按照创造性破坏的要求流动。这是一种为特定地理区域提供援助的特殊伦理——"把工作留在斯普林菲尔德"，而不是"帮助霍默·杰·辛普森搬家"。如果按照哲学一致性的原则来执行，布德罗还原法还会要求我们在经济框架内，保留马萨诸塞州的制鞋业，就像保留西弗吉尼亚州的采煤业一样，又或者是在"绿色革命"到来以前永久地保留传统农业。令人吃惊的是，印度的左派人士在回应绿色革命的时候正是以这种逻辑来论证的。

更深层次的哲学问题在于，有关实际补偿和保护措施的非伦理逻辑侵犯了他人的权利。问题是，经济学中的伦理学被不经意地附着在了卢梭的"一般意愿"概念之上。在有关经济的左翼思想中，以及在相当多的右翼思想中都深藏着这样一个前提，就像以赛亚·柏林（Isaiah Berlin）曾经冷笑着说的那样，政府有能力实现它们理性提议的任何动案。正如人们通常对于约翰·罗尔斯的观察，即便是像他那么好的左派，也是缺乏有关政府行为的理论依托的。它假定政府能够完美地表达人民的意志。因此，亚伯兰·伯格森（Abram Bergson）和保罗·萨缪尔森在20世纪30年代所倡导的福利经济学，理查德·马斯格雷夫（Richard Musgrave）在20世纪50年代所提出的公共财政概念，以及暗藏在他们理论背后的19世纪20年代的（在数学上不连贯的）目标，即最大限度地实现最广大人口的幸福，将由政府部门中明智的功利主义者来实现，杰里米·边沁如是说。

诸如詹姆斯·布坎南（1919—2013）这样的自由主义者是有

政府理论依托的，他们也有大量的实证工作作为支撑。自由主义一直是一种反胁迫的理论，因此，它也是有关胁迫的理论。我有许多左派友人，当他们带着明知故犯的笑意声称我在夸赞市场的作用时"忽视了权力的作用"，我会用这个套路作答：不，亲爱的，忽视权力的是你，你忽视了垄断的强制力，你忽视了政府的作用。

更广泛地讲，事实上，经济学家的伦理问题应该是整个社会的大工程。经济学家詹姆斯·摩根（James Morgan）正确地指出："经济学学科被植入了一种特殊的'使命感和权利意识'，这与社会学和政治学学科形成了鲜明对比。"人们可以认同亚当·斯密的观点，因为他确实说过政策泛滥实际上是"最大的无礼"。大多数经济学家都（但也应该）认为他们应当不眠不休地设计新政策，这点是毫无争议的。

* * *

在任何情况下，我们都需要借助一些东西，从伦理上防止布德罗还原法阻碍人类在科学、艺术或经济上的发展。通常情况下，我们会以"权利"为护栏。正如约翰·斯图尔特·密尔在《论自由》（*On Liberty*）中所说："社会不承认失意的竞争者有任何法律或是伦理上的权利，可以使他们免于……（成功竞争）的痛苦；只有当人们采取违背普遍利益的求成手段，即诈骗、背叛以及武力的时候，他们才觉得需要干预。"一家运营失败、资本不足的宠物店，尽管它的店主对其倾注了大量心血，它也还是倒闭了。但店主却并未以卡尔多 – 希克斯的方式得到补偿。一家开在芝加哥最大连锁医院分院之一半个街区之外的，小小的、独立的即时保健办公室，似乎注定无法经受住自愿交易的考验。接受自愿交易的考验，显然是改善商业理念的必要条件——就像我们要通过一些非货币形式的考验来改善艺术、科学、学术以及一个完全依靠计划的社会主义经济体一样。但是，倘若你对人类的工程，或者对人类有丝毫同情心，当它们没能挺过这些考验的时候，你会感到难过。然而，我们不能承认获得补贴、保护或是补偿的这些权利的合理性。宠物店、保健办公室、艾德赛尔、沃尔沃斯、宝丽来和泛美航空都面临着同样的民主贸易考验：顾客是否还会继续自愿前来消费？这就是你作为宠物店老板，或是作为布德罗设想中的诗人所拥有的权利——让顾客选你或不选你的权利，这也是为什么在实际操作中商业化验证改良才是最利他的系统。按照自由主义的核心原则，顾客是可以说"不"的。

假使没有这种与我们希望交易的人进行交易的自由权利，我们都会活在政府的管控之下，我们会受到强制垄断的"庇佑"，始终从事相同的工作，永远被"保护"着。又或者，我们会依赖国家额外强征来的税收去补贴新活动，忽视基于自愿交易来完成的商业验证，按照反经济的言论去"创造就业机会"，比方说，冒着巨大的风险进入太空的高边疆，"因为没有私人实体涉足这个领域"。

这种方案假定政府比依赖利润的商人更了解客户想要什么或者应该得到什么。这也是玛丽安娜·马祖卡托 2013 年的著作里所预设的前提。但是，有没有一种可能性：没有私人实体涉险进入英法协和飞机等高端领域的原因，是这么做没有意义。倘若对于明智政府的假定就是错的，那么冒这种险的结果就是会导致国民收入降低，按照我们所采用的伦理体系的假设，这可不是什么好事。而这些方案的假设是：完成涉险活动所需的首要强制力，不会带来任何反对意见。

不管怎么说，我们再回到原先的实际问题上来，保护性方案和政府的企业家精神很少为穷人的福祉服务，更别说为我们其他人了。政府部门是由不完美的人所组成的，考虑到这些人在机构中的实际作为，就业"保护"及职业"创造"措施通常并不能实现其预计的温和、慷慨及幼化目标。由政府来做这些决策，就意味着这些保护和创造会具有明显的偏好，比如用来给运营贫困项目的男男女女提供就业岗位，或是把钱花去购买没什么用却遍布各个国会选区的军用飞机。再不然就是在时机还未成熟的时候就冒险进入高边疆领域，比如马祖卡托最喜欢的协和飞机。在一个由领主、宗族成员或是共产党员所构成的社会中，当选民们需要应对投票时间不便和身份证照片的限制时，特权阶级绕过了商业化验证，抓住了由此产生的不平等及非自愿行为所带来的回报。特权阶级十分擅长这一点。

不，我们不能把"私人的马克斯·乌"当成一种伦理规范来拯救。我们需要权利的指引，尤其需要在自由主义指引下的说"不"的权利。

有经济学家因为功利主义和"7∶1"原则而做出了不合伦理的行为，这个例子并不来源于正统及迷恋卡尔多－希克斯补偿的左翼发展经济学家，而是来源于迷信科学的现场实验派经济学家。批评他们的既非左翼人士也非右翼人士——这两者都是大政

271

府的爱好者，因此他们也都以不同形式认同了政府的强制力——
而是自由派人士，那种由康德所说的尊严平等的自由人所组成的
自由社会。马克·怀特曾经提到：有关全面双赢的标准（即帕累
托改进），如果不能说清哪些人才是所谓的赢家，那它在伦理上
就是不充分的。但是，它却被经济学家视为福利检验的"黄金
守则"。同样地，麻省理工学院的埃丝特·迪弗洛等实验经济学
家认为：对非自愿被试（involuntary subjects）开展双盲实验在
医学研究中是一条黄金守则，因此，在经济学中我们也应该予以
效仿。毕竟，我们所需要的，是要像在高中化学课上解释化学原
理那样去阐释经济科学的真谛。如果按照"7∶1"的原则，我们
就有权利伤害某个群体以此帮助另一个群体——当然，我们不会
让自己参与这种实验。这不就是最低工资标准的变体吗？这与医
学上长久以来所践行的自我实验形成了强烈的伦理对照，有关
这点，我们可以回顾一下，在 1900 年确认黄热病是通过蚊子来
传播的这一过程中，沃尔特·里德（Walter Reed）医生（尽管不
是他本人）手下的实习医生及其他志愿者都是怎么做的。在晦
暗（尽管也很短暂）的经济学现场实验史中，迄今为止最为糟糕
的一个案例，是由齐利亚克（Ziliak）和蒂特·波萨达斯（Teather-
Posadas）所描述的：现场实验者为中国儿童随机发放眼镜，以
"验证"能够看清汉字是否会影响儿童学习阅读汉字的速度——
似乎我们还不知道不能认字的儿童是无法学会阅读汉字的。但凡
是有良心的人都会认为这种实验不合伦理，它以反康德的方式利
用了他人（被利用的不是我们这些学术达人）。符合伦理的做法
是压根不去做这种实验，而是把收集到的钱拿去购买眼镜，再尽

可能多地捐给有需要的中国儿童。利用那些没被发到眼镜的近视儿童（"对照组"），这一举动在卡尔多－希克斯补偿的逻辑看来是合情合理的，最多也就是"7∶1"的比例。而麻省理工学院或者明尼苏达大学的经济学教授在科学出版物中对此的欣喜记载，更是加成了它的合理性。医学史上对非自愿被试进行不合伦理的现场实验由来已久。现在，经济学家也提议启动他们领域的"塔斯基吉梅毒实验"，以1当7。

有这样一个测试：当一个经济学家接受这样一个预设，即当他的牛被刺伤，他就会因此而丧失一些优势时，他实际上已经在伦理上深信了自由国际贸易。这是拿自己来做实验，就像沃尔特·里德手下的实习医生或是阿玛蒂亚·森的"承诺"那样，也就是说，这是一种宁可丢掉一些实用价值或是钱财，也要记录事物真实特性的行为。

第十四章

但我们可以拯救符合伦理的人文经济学

正如马克·怀特对权利护栏的归纳，我们反对损失，"特别是（他一定是指'只有'）当这些损失伤害侵犯了他们的权利时，这种损失就是有问题的，无论它们带来了多少的净效用"。他引用了理查德·波斯纳（Richard Posner）的话（他和怀特一样误解了罗纳德·科斯的同名定理）："但当交易成本过高时，承认绝对权利就会带来浪费。"好吧，也不一定。

布德罗、怀特、科斯、波斯纳、密尔以及我本人到底认为好的"权利"是什么？怀特说："某些房主不和他们的邻居一样好好打点自己的草坪，这会导致他们的福利受损，可能还会让他们的房屋贬值，但这并不侵犯他们公认的任何一种权利。"好吧，也许是这样，也不一定。

注意：公认。这就是关键所在。权利不是一个技术性的概念，它完全是个社会性的概念（这正是科斯的实际观点）。是我们在决定什么是权利，什么不是。在有些社会中，我有权穿露手臂的衣服。但在沙特阿拉伯的传统犹太民族中，我就不能这么做，因为这里存在一种由社会制定的外部性，它认为这样的身体暴露会对男性产生性诱惑。也是我们自己在决定什么是外部性。或者换个说法，是我们在决定什么是不能被侵犯的"公认"的权利。怀特说："个人可以自由行事，他们的行为未必非要提升总体福祉，甚至还可能降低福祉；这就是法律哲学家罗纳德·德沃金（Ronald Dworkin）所说的，'权利压倒福祉'的意义。"是的，我可以自由行事。我可以杀了我的牛，只是为了好玩。但是等等，一个"公认"有良知的人，如果他成长在一个将无缘无故杀牛视为一种恶行的农场之中，那么在这里，权利并不高于福祉。你有权伪造你的经济研究结果，至少在黑体字法上是这样，比如你可以在你的回归分析上洒下工具变量的仙尘。你不会因此而入狱。但如果你是一个有道德的人，你就不会允许自己这么做。

　　我们需要培养的就是这样的人。这就是经济学家的伦理形成后所给出的显而易见又简单至极的解决方案——它不是功利主义行为中的代码或公式，也不是黑体字法中的结构性约束。无论是站在绝对功利角度的经济学教授，还是站在绝对权利角度的法学教授，都没有说到培养人的问题。这是自笛卡尔时代以来西方伦理哲学的典型弊病，它将人视为完全成型了的、男性的、西方的、有哲学倾向的成年人，毫不关注人是如何被培养起来，并在伦理上为人考虑、为己打算，或者超越这一切的。现代西方伦理哲学是一种特有的男性主义学问，也可以说它是一种成人主义学问，它将自主的、进化完全的成年人，最好是一个中年无子的单身汉视为哲学的研究场所。女权主义者卡罗尔·吉利根（Carol Gilligan）及其一众追随者和批评者并没有忘记我们都曾是孩子，而同为女权者的诺丁斯（Nel Noddings）和安妮特·贝尔（Annette Baier）也没有忘记我们都来自家庭。

还有一些人也没忘记这些重要的事情。亚当·斯密没有，肯尼斯·博尔丁（Kenneth Boulding）和其他一些人文经济学的先驱者也没有。希腊及罗马的经院哲学学派——以及中国的儒家学派、南亚的印度教徒和佛教徒——都将培养人视为关键。《摩诃婆罗多》中的主人公，德行高尚但有缺陷的尤迪希拉，被班度族的母亲问道，"为何要行好事？"他回答说："如果达摩（'美德'，以及其他意义）一无成果……（人）就会活得像牛一般。"正是如此。将人培养为人，就相当于给人穿上了伦理的法衣。愤世嫉俗的经济学家对此嗤之以鼻，他认为自己可以不穿任何伦理法衣，"不尊重一切规范性的东西"。但在其实际人类生活中，他却不假思索地穿上了它们。坚战王对此的回复与西塞罗对伊壁鸠鲁派的猛烈抨击（古地中海版本的马克斯·乌，詹森派经济学家）如出一辙："他们像牛一样（pecudum ritu，字面意思就是'像牛一样'）将一切都归于快乐""甚至更没人性的是……他们说结交友谊只是为了寻求庇护与帮助，而不是为了相互关心"。请教一下加里·贝克尔。"7：1"原则。

自霍布斯以来，伦理哲学的培养方案一直都是：放弃古老的美德传统，不去将孩子培养成有伦理观念的成年人，而是采用17世纪和18世纪西方哲学家制定的规则与公式远远地判断其行为的好坏。制定一种方案，拔高一种美德，使其涵盖所有美德，这成了一种大师级的技巧。像是霍布斯和边沁这样的功利主义者，以及詹森和贝克尔等现代实证主义者，都陷入了将一切都归结为"谨慎"的理论冲动之中。伦理垮塌的历史之久，可能从公元前 5 世纪中国的墨子，或是希腊和罗马的伊壁鸠鲁学派、马基雅维利、霍布斯，或是《蜜蜂的寓言》（*Fable of the Bees*，1705、1714、1723）中的伯纳德·曼德维尔（Bernard Mandeville）就开始了。霍布斯，以及此后每一个急于对行动进行评判的伦理学家所忽略的，是性格的重要性，它比成本及收益的计算更重要，它甚至具有社会意义。因此，这也是我们需要人文经济学的原因。

卡罗尔·吉利根很久以前就指出过伦理发展叙事的男性化特征。检验伦理发展水平的一个标准化故事，就是"垂死的妻子"。一个男人的妻子即将因为一种能治愈的疾病而死亡，但是男人没有钱买药救她。如果他闯进药店去偷药，这符合伦理吗？男性在回答这个问题的时候会求助于伦理公式，就比如康德提出的那个公式——然后得出结论：在这种情况下，不，他不会闯进去。这违反康德的"绝对命令"，即判断任何行为的合理性，都要看它是否可以成为一种一般准则。偷盗不能成为一种一般准则，否则社会世界就会乱套。然而，女孩和妇女在回答该问题时的叙事方式则更丰满。她们希望了解男人和妻子的关系怎样，药剂师是个怎样的人，周围的社会环境又是如何。这不是像"绝对命令"那样大刀阔斧的行为规则。

我们需要的是提高伦理水平，而不是对这些大刀阔斧的公式化要求做更多反思。

* * *

我们要培养什么样的伦理标准呢？不是马克斯·乌式思维，也不是特朗普主义。人们也有身份（信仰），有计划（希望），为了实现这一切，他们也需要勇气、节制，需要那些自律的美德。他们都有某种超越之爱——像是与上帝的联结，或是与传统对象的沟通，尽管在现代社会中，这些已经被对科学、人类、革命、环境、艺术或者政治科学中的理性选择模式的崇拜所替代了。

马克·怀特在其之前的一篇文章中也得出了类似的结论。他说，康德的伦理理论中包含一个谨慎的自我和一个伦理的自我，要在二者之间做个选择，依靠的是概率 p，也就是一个人所具备的遵循伦理自我的品格力量。这看起来很对康德的胃口，而且正如怀特所言，它也符合约翰·塞尔决策或自由意志中的"鸿沟"概念。但怀特意识到了，有些东西还是有疑问。"人的品格的概率分布状态是给定的吗？虽然这么想会让事情简单得多，但我认为不是；它是由人接受的教养所精心打造的，就算到了成年期，人也可以采取行动来改善自己的品格。当然了，这……（表明了）一个问题：一个人为了什么目标或是目的而去改善自己的品格呢？"他的回答是："在康德的模式中……我们假定一个理性的代理人的真正目标是要变得有道德。"但这是有德行追求的人的目标。他的论点引出了一个问题。它是一种循环论证（尽管在这个领域我们会发现，善就是善，几乎一贯如此）。

* * *

那么，对于经济学来说，该怎么做呢？答案是：培养有伦理意识的男男女女，让他们当中的一些人成为经济学家，在最好的情况下，他们会去践行人文经济学。我们现代的经济学家教育中还没有这项计划。与弗里德曼 1970 年发表的论文中对商业伦理的天真理解刚好相反，我们也需要告诉研究生和本科生，应该像米尔顿那样，在伦理的驱动下成为一个真正的人和经济学家。我们所需要的是伦理态度的转变，或者说是品格上的改变，正如经济学家乔治·迪马蒂诺所说，"要对在经济实践的环境下产生，并作为其实践结果的无数伦理问题进行批判性探究"。"职业道德，"他继续说，"最初指的并不是要防止骗子、欺诈者和江湖术士作奸犯科。"它有关于寻常生活。它不像众多经济学家本能假想的那样，它不是关于激励机制的。它事关本国伦理。它是一种羞耻感。正如写作老师所言："做个好人，然后依照本心顺其自然地去写作。"或者像老加图（Cato the Elder）所说的，修辞学家都是"会说话的人"。好的经济学家，就是能智慧地谈论经济的好人。

好吧，那怎么做呢？威姆·格鲁特（Wim Groot）与亨利埃特·范·登·布林克（Henriette van den Brink）在近期的一篇论文中引用了丹尼尔·哈默麦什（Daniel Hamermesh）的话，丹尼尔指出"绝大多数的经济学家都是公立大学的教授（在这点上他可能错了：非学术型的经济学家很多），他们有直接的义务到更广泛的舞台上使用他们的知识。他们的工资由公众支付，所以他们也有义务教育全体公众"（请注意，即便是在这个行业本身，也存在对于金钱关系的伦理召唤）。中国的教授对这一责任更为重视。我记得，以前我看到过一个世纪以前的瑞典伟大经济学家的完整书目——我记得有维克赛尔（Wicksell）、赫克舍（Heckscher）、奥林（Ohlin）、卡塞尔（Cassel）——我为他们所做过的公众教育工作而震惊，在他们的职业生涯中，每个人每两周左右就会发表一篇新闻作品。这种责任感不是通过"激励"来培养的。美国、荷兰或是瑞典等国的大学教授收入很丰厚，足够让他们把对利益的考虑放到一边。德国经济学家格鲁特、范·登·马森（van den Maassen），还有阿姆斯特丹大学人文经济学家乔普·克兰特（Joop Klant）的另一个学生阿尔乔·克拉默就是这么做的，他们为公众对话做出了深刻而雄辩的贡献。问题的关键在于职业责任感，而不是虚荣心或是马克斯·乌式思维。在国家级舞台上露十几次面，虚荣心和满足感就会烟消云散了。一个人要做这些，应该是为了他同胞的利益。

我已经注意到，中世纪的信条是"另一方的意见也要听"。倾听对方的意见，这尤其是学者和科学家的伦理责任，虽然大部分人可耻地躲过了这一责任。这里有一个不听取任意一方意见的案例，是安妮·克鲁格（Anne Krueger）在《经济文献杂志》（*Journal of Economic Literature*）上对《牛津专业经济伦理手册》【*The Oxford Handbook of Professional Economic Ethics*, 2016（由迪马蒂诺和我共同编辑：我得说，主要是迪马蒂诺）】所做的评论，她的观点出奇地粗糙及偏颇（安妮是我非常佩服的经济学家，后来她为了自己的部分观点道过歉）。所以，是的，传统资产阶级经济学家应该听听别人的意见。

但是，左派人士也需要遵从自己的建议。我早就注意到，许多异端经济学家实际上并不了解自由主义经济学的核心——价格理论。他们以为自己知道——因为他们聪明，而且又是从新学院大学毕业的（我真希望我在这地方教过书，能把这些聪明的孩子从这种特别无知的状态中解救出来）。但他们不知道。我邀请他们打开《价格应用理论》【*The Applied Theory of Price*，（我的网站上就有免费版：不要给自己找借口不去看）】，从中随机抽取 500 个工作问题，看看他们能否答得上来。还有一个办法，可以让经济学家掌握价格理论及其思维模式，但又不会让他们感到尴尬，那就是让他们去阅读奥地利经济学派的著作。近几十年来（在早几十年我读了很多这个学派的书却没得到什么收获之后），我一直试图说服我的左派友人，奥地利经济学也是异端学派，虽然它是赞成引入市场的。除了丹尼森大学的泰德·伯查克（Ted Burczak）真的敦促了马克思主义者去阅读哈耶克的著作之外，其他的人都无动于衷。亲爱的，假使你要我虚心听取马克斯、缪尔达尔（Myrdal）、米诺斯基（Mirowski）的意见，那么公平起见，你也得听听密尔、门格尔和米塞斯的意见。

乔治·迪马蒂诺是个左派分子，的确如此。他强调说"（经济学家在）试图理解、预测与掌控固有的复杂经济系统时会展现出一种不可救药的无知"，接着他立刻指出奥地利学派（他引用了哈耶克的说法）、奈特派以及沙克尔派都知道这一点，而他也因此收获了多元主义的街头信誉。经济学家詹姆斯·摩根指出："经济学家的受教体系中取消了哲学、方法论、经济思想史以及伦理学的内容，（这意味着他们同时错过了）……追随哈耶克的奥地利学派，以及（重视）积累性因果过程的结构主义学派和后凯恩斯学派。"然而，除了摩根、乔治和泰德，我的一些会"重新思考马克思主义"的友人，还有赫伯·金迪斯（Herb Gintis）以及山姆·鲍尔斯（Sam Bowles）以外，异端左派甚少听取奥地利传统学派中的异端自由分子的意见，即便那些观点目前在乔治·梅森大学很受欢迎。

怀特谈到了康德的概念："一种尊严，一种难以估量和不可比拟的价值，由于他们有自主选择的能力——也就是说，尽管有与之相悖的倾向或是偏好，他们也有能力做出符合伦理的选择。"注意最后一句话，"尽管有偏好"。我建议经济学家关注奥地利学派的"人类行动"概念，它强调的是自主的、真实的、有难度的选择，而不是那种僵化的虚假选择。功利主义者关注的是反应，而非行动。他们关心的是在预设的品位及约束下做出虚假"选择"能带来什么好处，而不是优先反思，继而做出选择，来获取尊严。

不是规则、约束、制度，而是伦理。我们真正需要的并不是一个社会层面的，位至八层楼高度的标准，我们需要的是一个能够落地的标准，也就是说，在个人伦理的层面上，让试图成为好人的真人不断博弈并达成协议，进而让他们自愿参与到一个能让穷人的财富增值 3000% 的自由社会之中。怀特恰当地攻击了"潜在的帕累托改进"，认为它无非只是带来了一些诸如"10>9"这样的进步。我们需要的是一种基于创新主义的伦理或是意识形态，从长远看来，它带来的应该是"3000>1"，而不是"10>9"这样的微小变化，甚至也不是短期内的"7>1"。伦理的定义应该基于人，而不是社会。奥地利学派一直在说的"社会正义"，对他们一团迷雾的左、右派同僚而言，是没有意义的。

　　具体该怎么做呢？迪马蒂诺提到要去实习、进驻、沉浸式体验，这是我在迈阿密大学的朋友理查德·维斯科普夫（Richard Weisskoff）在经济学界长期倡导并身体力行的一种经济科学研究方法。我常想，这种实地工作应该是很有价值的，尤其是对于研究生来说，尽管我本人是典型的学术经济学家，我没有使用过这种方法。但是，在把孩子送进社会以前，我们必须告诉他们得做个好人，要通过广泛的阅读去自然而然地发现经济真理。好的经济学家应该是会说话的经济学家。应该重新将经济思想史纳入研究生必修课。这么一来，经济学家们就可以了解到密尔、帕累托以及威克斯蒂德（Wicksteed）究竟说过些什么，而他们所说的话在很大程度上有利于商业化验证的自由制度的完善。再比如，少开一门计量经济学课程。从目前在设的计量经济学课程里挑出一门，不学回归分析，而是学习其他众多能用来测量社会百态的研究方法。

＊　＊　＊

　　具备伦理价值的语言：这是我们所需要的。在迪马蒂诺的设想中，经济学的入门者应该要参与仪式性的宣誓。这是个很好的想法。经济学家却对这种"纯粹的修辞"行为嗤之以鼻。

　　克雷格·达克沃斯（Craig Duckworth）在其最近的一篇文章中表达了，希望将"良知"纳入制度及激励机制当中的想法，按照奥利弗·威廉姆森的说法，"宣誓的功能，在其意图上，是一种制度设计。它能够带来责任感及结构化行为，以此实现那些无法依靠本能去实现的职业目标，以及那些难以通过激励机制得以实现的职业目标"。对比一下之前我们讨论过的道格拉斯·艾伦的书。达克沃斯认为："在这种环境下，我们很难相信承诺行为本身会为职业行为的规范性准则提供基础。"

我很惊讶。毫无疑问，达克沃斯是在从心底里遵照伦理管理自己的职业生涯。假如他的学院院长跟他说："去作弊吧，这样你就能升职。"他是不会这么做的。奇怪的是，达克沃斯说："（自愿的）承诺是可被随意撤销的。"这么看来，他好像中了霍布斯的圈套。在霍布斯、达克沃斯还有大部分经济学家看来，诺言不是诺言，承诺不是承诺，责任不是责任，伦理不是伦理，就像最近有人说的，真理也不是真理。

嗯，不是的。或者说，是的，我们的确需要用语言将伦理的内容表达出来，这会引领我们尽可能多地抵达那些有价值的科学真理。毕竟，这就是我们拯救大兵瑞恩这个个体、拯救经济科学，以及开创人文经济学的意义所在。

原文索引及参考文献等内容
请扫描以下二维码进行阅读